Das große
BASTEL-
FEUERWERK

Kreative Knaller-Ideen zu den beliebtesten Bastelmaterialien

INHALT

Handarbeiten 68

Naturmaterialien 102

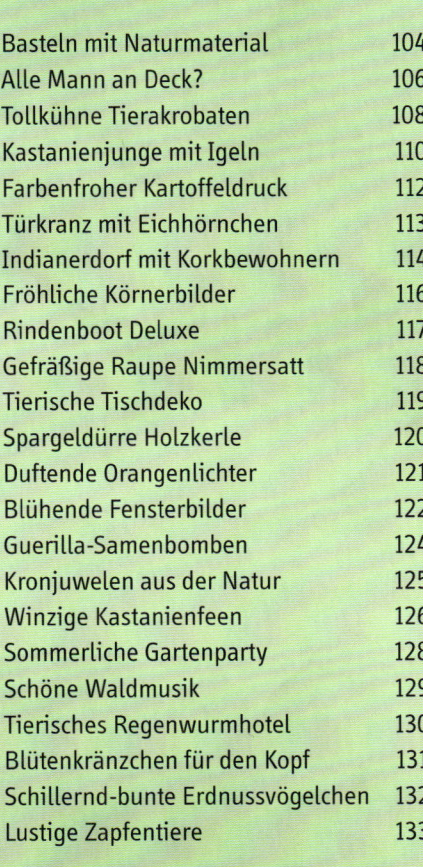

PAPIER UND PAPPE

Basteln mit
PAPIER UND PAPPE

Vorlagen übertragen

Für einige Modelle in diesem Buch findest du auf den letzten Seiten Vorlagen. Du kannst sie mit Kohlepapier auf Tonpapier übertragen. Lege dazu das Kohlepapier mit der beschichteten Seite nach unten auf das Tonpapier. Obenauf kommt die Vorlage, die du mit einem Bleistift oder Kugelschreiber nachzeichnest. So drückt sich der Umriss auf das Tonpapier ab und du kannst ihn dann ausschneiden.

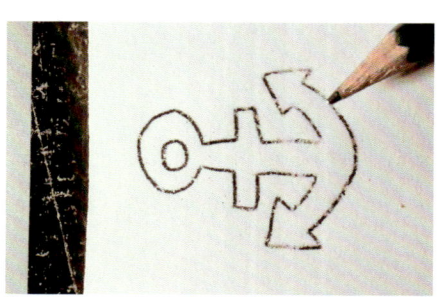

Schablonen anfertigen

Schablonen sind nützlich, wenn du ein Motiv mehrmals ausschneiden musst. Du überträgst deine Vorlage einfach auf ein Stück Pappe, anstatt auf das Tonpapier, und schneidest es aus. Die Pappe ist so stabil, dass du dein Motiv immer wieder benutzen kannst.

Tipp

Hebe deine Schablone immer auf! Eine Blume z. B. kannst du bestimmt auch für ein anderes Bastelprojekt gebrauchen. Mit einem Vorrat an Schablonen kannst du dir viel Zeit bei deinen Papierprojekten sparen.

Scheren

Für das Schneiden von Papier gibt es spezielle Scheren. Die normale Bastelschere kannst du für alle Papiere und Pappen verwenden. Für filigrane Muster eignet sich am besten eine Silhouettenschere. Sie ist klein, handlich und vorne spitz, sodass sie sich gut führen lässt und du mit ihr auch in knifflige Ecken kommst. Klebefolien oder Klebeband lassen sich am einfachsten mit einer beschichteten Teflonschere zerschneiden.

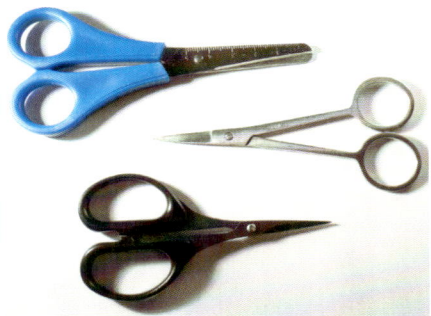

Klebstoff

Zum Kleben von Papier eignet sich der tropffreie UHU Alleskleber. Er lässt sich gut handhaben, sodass weniger Klebstoff daneben geht und er wellt das Papier nicht. Viele dünne Papiere ziehen sich bei flüssigem Klebstoff zusammen, dadurch lassen sie sich nicht mehr exakt verkleben und das Ergebnis sieht weniger schön aus. Für Kleinteile ist auch doppelseitiges Klebeband eine gute Lösung. Das gibt es inzwischen in allen Stärken und auch transparent, dadurch ist es kaum zu sehen und für alle Flächen gut einsetzbar.

Gesichter gestalten

Um deinen Papierfiguren hübsche Gesichter zu gestalten, kannst du sie mit Buntstift schraffieren. Möchtest du z. B. rote Wangen aufmalen, kratzt du etwas von der Spitze eines Buntstifts ab und verreibst es mit den Fingern.

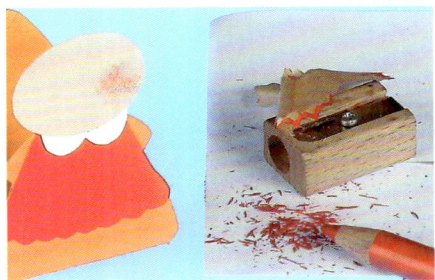

Zum Schattieren oder Umranden nimmst du einen Buntstift, der etwas dunkler als dein Tonpapier ist. Setze den Stift am Rand schräg an und bewege den Stift nach innen, am Rand drückst du dabei mehr auf als innen.

Falten

Talfalte: Faltkante zeigt nach unten / innen (Strichlinie).

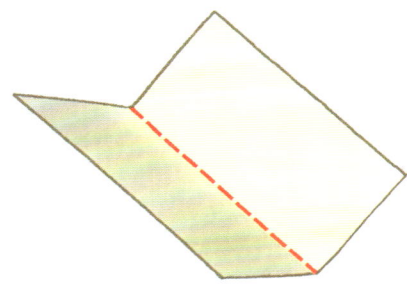

Bergfalte: Faltkante zeigt nach oben / außen (Strich-Punkt-Linie).

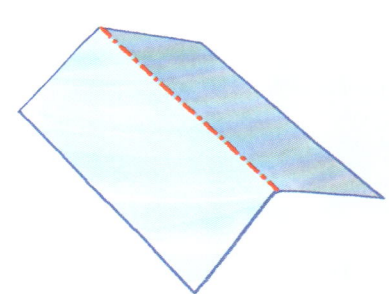

Hexentreppen falten

Die Enden von zwei Papierstreifen rechtwinklig aufeinander kleben. Nun den unten liegenden Streifen über den oberen falten. Der Streifen, der anfangs oben lag, liegt nun seinerseits unten und wird über den jetzt oberen Streifen gefaltet. So fortfahren, bis die Hexentreppe die gewünschte Länge erreicht hat.
Die Papierstreifen können die gleiche Breite haben, es funktioniert aber auch, wenn sie unterschiedlich breit sind.

Bei den Arbeitsschritten wird die Länge der gefalteten Hexentreppen nicht in Zentimetern angegeben, sondern es werden einfach die Zacken auf der linken und der rechten Seite der Hexentreppe gezählt.

Die überstehenden Streifenenden werden abgeschnitten. Damit sich die Hexentreppe nicht löst, wird – je nach Motiv – der letzte oder der vorletzte Faltabschnitt angeklebt.

Basteln mit Wellpappe
Streifen schneiden

1 Zeichne auf die glatte Seite der Wellpappe die Linien für die Pappstreifen auf, die du benötigst. Benutze dafür ein Lineal.

2 Schneide mit einer geraden Schere entlang der Linien. Du kannst zum Schneiden auch Cutter und Lineal mit geeigneter Schneideunterlage benutzen. Bitte dann aber einen Erwachsenen, dir dabei zu helfen.

Rollen wickeln

Halte den Pappstreifen mit der gewellten Seite nach unten. Knicke das eine Ende um und rolle den Streifen dann um dieses eingeknickte Ende herum. Wickle dabei den Pappstreifen straff, aber ziehe nicht so fest, dass dieser zerreißt. Rolle den Pappstreifen fast bis zum Ende. Lass zum Kleben einen Zentimeter unaufgerollt.

Rollen kleben

Streiche etwas flüssigen Klebstoff auf das Ende des Streifens und drücke es fest an die Rolle. Warte einen Moment bis der Klebstoff angetrocknet ist.

Streifen verbinden

Wenn deine Rolle größer werden soll, brauchst du mehrere Pappstreifen. Streiche auf das unaufgerollte Ende des ersten Streifens etwas Klebstoff und drücke den neuen Streifen fest auf den ersten. Dabei muss die gewellte Seite nach unten zeigen. Rolle den Pappstreifen dann weiter über die verbundenen Enden.

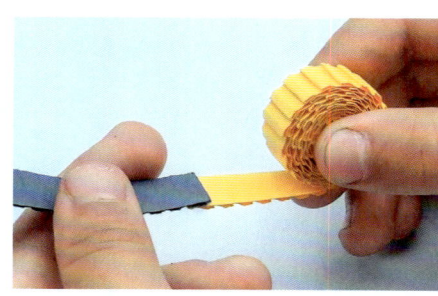

Oval formen

Eine ovale Rolle erhältst du, indem du das eine Ende des Pappstreifens zu Beginn etwa 2 cm abknickst und dann den restlichen Pappstreifen straff um dieses abgeknickte Ende wickelst. Je größer das abgeknickte Ende ist, umso länglicher wird deine Form.

Reißen

Wer noch nicht exakt schneiden kann oder einfach keine Geduld hat, kann Papier in kleine Schnipsel reißen. Das hat oft einen herrlich künstlerischen Effekt. Für Pappmaché sind kleine gerissene Papierflocken das Basismaterial. Daraus können auch Großprojekte entstehen!

Knüllen

Papier lässt sich nicht nur glatt aufkleben, du kannst es auch erst zu kleinen Kügelchen knüllen. Aus aufgefädelten großen Seidenpapierknäueln kannst du dir in Nullkommanix eine kunterbunte Girlande fürs nächste Kinderfest basteln.

Pappmaché

Aus Zeitungspapierschnipseln und Kleister kannst du die tollsten Objekte modellieren. Rühre das Kleisterpulver zunächst mit Wasser an. Beachte hierbei die Herstellerangaben auf der Packung (ein erwachsener Assistent sollte dir dabei behilflich sein). Anschließend bestreichst du deine Grundform – meistens ist das ein Luftballon, eine Shampooflasche oder eine Plastikschüssel – mit viel Kleister und ummantelst sie Stück für Stück mit den Zeitungspapierschnipseln. Damit dein Werk schön stabil wird, solltest du es mit mehreren Schichten bekleben. Kleine Details modellierst du aus Toilettenpapier und Kleister. Soll das Gebastelte lichtdurchlässig sein (beispielsweise eine Laterne oder ein Windlicht), ersetzt du das Zeitungspapier durch Transparent- oder Seidenpapier.

Serviettentechnik

Ziehe zuerst alle unbedruckten Lagen von der Serviette ab, du benutzt nur die eine bedruckte Lage. Schneide oder reiße die Serviette in Stücke und klebe sie auf. Auch hier gilt: erst Klebstoff auftragen, dann Serviette darauf setzen und noch einmal darüber streichen. Da die Serviette sehr dünn ist, solltest du dafür einen weichen breiten Pinsel nehmen und nicht zu sehr drücken, damit die Serviettenstücke nicht einreißen. Für die Serviettentechnik gibt es auch spezielle Kleister, mit denen du die Serviette auf allen Untergründen festkleben kannst.

Geschichten aus
DER STEINZEIT

Vorlage Seite 134

Das brauchst du

- Fotokarton in Schwarz, A3
- Schaschlikstäbchen
- Musterbeutelklammern
- Klebeband
- spitze Schere oder Nagelschere

1 Übertrage die Vorlagen für deine Steinzeitwelt auf den Fotokarton und schneide alles aus. Bei kniffligen Stellen benutzt du am besten eine kleine spitze Schere. Kommst du einmal nicht weiter, bitte einen Erwachsenen um Hilfe.

2 Setze die Arme an den markierten Stellen mit den Musterbeutelklammern zusammen. Nun werden alle Figuren an ein Schaschlikstäbchen geklebt. Richte die Spitze des Spießes dafür nach oben und befestige ihn auf der Rückseite der Schattenrisse mit etwas Klebeband.

3 Sind alle Figuren mit Stäben ausgestattet, kann die Vorstellung beginnen. Hänge dafür am besten ein weißes Laken auf und bestrahle deine Leinwand von hinten mit einer Lampe.

Freche
MONSTER

Das brauchst du

- Stickrahmen in Natur oder Pink, ca. ø 12 cm und 15 cm
- Baumwollstoff in Hellgrün, Dunkelblau oder Blau gestreift, je 6 cm größer als der Rahmen
- Tonpapierreste und Scrapbookpapierreste in verschiedenen Farben
- Wackelaugen oval, 1–1,5 cm lang
- Glitzerliner in Pink, Grün und Hellblau
- Papierblumen in Blautönen, 2x ø 1,5 cm und 1x ø 3 cm
- 3 Glitzersteinchen in Lila und Pink, ø 0,5 cm
- 2 Knöpfe in Grün, ø 1 cm
- Pompon in Rot, ø 1 cm
- UHU Alleskleber

Vorlage Seite 135

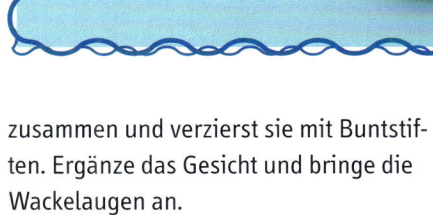

1 Zuerst spannst du den Stoff in den Stickrahmen. Schraube ihn dazu auf, lege den Stoff zwischen beide Ringe und drehe die Schraube wieder zu. Ziehe den Stoff rundherum ganz straff und schneide die überstehenden Enden ab.

2 Übertrage alle Teile für das Monster von der Vorlage auf bunte Papiere. Nimm das Papier zwischen Daumen, Zeige- und Mittelfinger und reiße vorsichtig an der Linie entlang. So machst du es mit allen Teilen. Dann klebst du die Monster zusammen und verzierst sie mit Buntstiften. Ergänze das Gesicht und bringe die Wackelaugen an.

3 Befestige das Monster mit Kleber auf dem Stoff im Stickrahmen. Male mit den Glitzerfarben Beine, Fühler oder Schwanz auf und lass alles gut trocknen.

4 Wenn du das Kugelmonster gebastelt hast, klebst du noch Blumen und Knöpfe an. Bestimmt fallen dir noch viele andere lustige Monster ein!

Kleine ELEFANTENPARADE

Vorlage Seite 136

Das brauchst du

- Recycling-Wellpappestreifen, 2 m x 4,5 cm, 1,10 m x 4 cm und 25 cm x 3 cm
- 4 Recycling-Wellpappestreifen, 17 cm x 3 cm
- 2 Recycling-Wellpappereste, 5 cm x 4 cm
- Wellpapperest in Weiß
- 4 Wackelaugen, ø 1 cm
- Paillettenstoff in Rot und Pink, 12 cm x 5 cm und 5 cm x 2,5 cm
- Wollrest in Lila und Orange
- 64 Perlen in Gold, ø 2 mm
- 3 Strasssteine in Blütenform oder Quadrat in Lila und Rot, 5 mm x 5 mm
- 5 Blattpailletten in Lila und Rot, 1 cm lang
- UHU Arts & Crafts Glue

1 Wickle Wellpappestreifen von 2 m Länge und 1,10 m Länge jeweils zu einer Rolle (siehe Seite 8). Klebe beide Rollen aneinander.

2 Für die Beine rollst du vier Streifen der Größe 17 cm x 3 cm zu festen Rollen und klebst sie an den Körper. Platziere sie so, dass der Elefant einen festen Stand hat.

3 Der Rüssel entsteht aus einem 25 cm langen Streifen. Falte ihn in der Mitte und klebe ihn auf der glatten Seite zusammen. Rolle ihn von einem Ende her ein Stück auf und klebe ihn am Kopf fest.

4 Übertrage die Form der Ohren gemäß der Vorlage auf die Wellpappe, schneide sie aus und klebe sie rechts und links an den Kopf. Die Stoßzähne schneidest du aus weißer Wellpappe aus.

5 Platziere die Wackelaugen etwas oberhalb der Stoßzähne. Aus einem Wellpapperest entsteht der Schwanz.

6 Schneide aus dem Paillettenstoff noch eine Decke für den Rücken und einen kleinen Kopfschmuck zu und verziere beides am Rand mit Wolle und glitzernden Elementen.

Geschenke für
DIE ZAHNFEE

Das brauchst du

- Spandöschen, 4 cm x 5 cm oder 5 cm x 7 cm
- Seidenpapier in Pink, Grün oder Hellblau, A4
- Tapetenkleister
- Klopapier oder Fotokartonrest in Weiß
- Lackmalstift in Weiß und Schwarz
- Buntstift in Rot
- Glitzerliner in Pink

Vorlage Seite 137

1 Zuerst reißt du das Seidenpapier in kleine Stückchen. Die Schnipsel sollten nicht größer als 2 cm x 2 cm sein.

2 Beklebe sowohl den Deckel als auch den Boden mit ein bis zwei Schichten der Seidenpapierschnipsel und lass alles gut trocknen (siehe Seite 9).

3 Jetzt schneidest du gemäß der Vorlage aus dem weißen Fotokarton einen kleinen Zahn aus. Klebe ihn auf das Döschen und verziere die Ränder mit dem weißen Lackmalstift. Du kannst an den Dosenseiten auch „Milchzähne" aufschreiben, wenn du möchtest!

4 Für einen Zahn in 3D-Optik überträgst du die Zahnvorlage zuerst auf ein Stück Papier und steckst es dann in eine Klarsichthülle. Weiche das Klopapierblatt in Kleister ein und lege es auf der Hülle der Zahnform entsprechend zurecht. Drücke noch eine rote Nase (Perle oder ein Stück Seidenpapier) auf. Lege den Zahn vorsichtig auf den Deckel des Döschens und lass ihn gut trocknen.

Fantastische
EINHORNTROPHÄE

Das brauchst du

- Tapetenkleister
- ggf. Holzleim
- Puddingeimer aus Kunststoff (ohne Henkel), ca. ø 13 cm
- alte Zeitungen
- Klopapierrolle
- Malerkrepp
- Wattekugel, ø 3 cm
- fester Pappkarton
- Alufolie
- Acrylfarbe in Weiß, Rosa, Pink, Hellblau, Mittelblau und Schwarz
- Luftschlange in Pink
- Papier-Muffinförmchen in Rosa
- Organzaband in Rosa, 7 mm breit, 60 cm lang
- Bildaufhänger zum Ankleben
- Pinsel
- UHU Alleskleber Kraft
- Cuttermesser
- Bürohefter

Vorlage Seite 137

1 Knülle etwas Zeitung zu einer Kugel und klebe sie mit Malerkrepp als Schnauze auf den Eimerboden. Um den oberen Eimervorsprung etwas abzuglätten, klebst du rundum einen gefalteten Papierstreifen fest. Lass dir von einem Erwachsenen die Wattekugel für die Augen mit dem Cuttermesser halbieren.

2 Schneide in die Klopapierrolle eine Spitze ein und rolle sie zu einem Horn. Hefte oder klebe das Horn zusammen und stopfe es mit Papier aus. Dann überklebst du die untere Öffnung mit dem Kreppband.

3 Bringe das Horn mit dem Kleber auf dem Eimer an. Danach klebst du die Augen und die Ohren aus fester Pappe an und befestigst alles mit Kreppband. Umwickle das Horn zusätzlich mit Alufolie, streiche sie glatt und klebe sie fest. Dabei kannst du die Spitze kürzen und schön formen. Den Kopf klebst du anschließend mit reichlich Kreppband auf einer ovalen Pappscheibe fest.

4 Reiße nun die Zeitung in viele kleine Stücke, rühre den Kleister an und kaschiere die Trophäe mit drei bis vier

Lagen Zeitungsschnipseln (siehe Seite 9). Dazu pinselst du Kleister auf, legst die Papierstücke darauf und streichst noch einmal Kleister darüber. An schwierigen Stellen, wie z. B. den Augen, verwendest du am besten ganz kleine Papierstücke. Wenn du fertig bist, lässt du den Kopf mehrere Tage erhöht (z. B. auf einer Dose) trocknen.

5 Nun ist dein Einhorn bereit für einen Anstrich. Bemale es zuerst ein- bis zweimal mit weißer Farbe. Danach kannst du das Horn, den Pappuntergrund und die Ohren bemalen. Die Punkte kannst du mit einem Pinsel oder einem Wattestäbchen auftupfen.

6 Binde dem Einhorn das rosa Band um und verknote es am Hals. Für die Haare schneidest du eine Luftschlange in unterschiedlich lange Stücke und klebst sie hinter den Ohren und um das Horn herum fest. Verwende als Vorderseite mal die gemusterte und mal die andere Seite, dann kräuseln sich die Haare schön. Für die Blume schneidest du aus dem Papier-Muffinförmchen den Boden heraus, wickelst den Rand zur Spirale und klebst sie am Hals fest.

Mini-Auto
WASCHANLAGE

1 Schneide aus dem Schuhkartonboden in der Mitte ein Rechteck aus (ca. 15 cm x 12 cm). Bohre zwei Löcher in eine lange Seitenwand. Aus dem Deckel schneidest du die Rampe (11 cm x 30 cm) und die Wolke zu.

2 Bemale Karton und Wolke mit weißer, die Rampe mit grauer Farbe. Trocknen lassen.

3 Beklebe den Karton mit der Serviette (siehe dazu Seite 9) und beschrifte die Wolke mit blauer Farbe.

4 Klappe die Rampe an den kurzen Seiten ca. 5 cm nach innen und befestige die Enden mit Klebstoff oder Klebepads. Mit Lineal und Fineliner zeichnest du schwarze diagonale Linien auf, die sich kreuzen.

5 Kürze die Enden der Bürsten, schiebe sie durch die eingestochenen Löcher und stecke auf die Enden je eine Wattekugel auf.

6 Schneide zwei Rechtecke (je 10 cm x 20 cm) aus dem Fotokarton zurecht. Für die Klebeflächen knickst du die Rechtecke an einer Längsseite und den beiden schmalen Seiten je 1 cm um. Klebe die Rechtecke als Rückwände ein.

7 Für das lustige Seifenblasenmuster stanzt du aus dem Kopierpapier weiße Kreise aus und klebst sie auf deine Waschanlage. Nun musst du nur noch das Schild anbringen, die Rampe einsetzen und die Auto-Schaumparty kann beginnen.

Tipp

Wenn du keinen leeren Schuhkarton mehr zu Hause hast, dann frag einfach in einem Schuhgeschäft nach. Dort bekommst du garantiert einen.

Kunterbunte
SERVIETTENRINGE

Das brauchst du

- Klopapierrollen
- Butterbrotpapier
- Bleistift
- spitze Schere
- Acrylfarbe nach Wunsch

Vorlage Seite 137

1 Übertrage zuerst die Vorlage auf das Butterbrotpapier und schneide sie aus. Wickle die Schablone um die Klopapierrolle und zeichne den Umriss mit einem Bleistift auf.

2 Schneide die Gabel oder den Löffel aus. Für die Zinken der Gabel nimmst du am besten eine spitze Schere, so kommst du besser in die Zwischenräume.

3 Zum Schluss malst du die Besteckspirale noch in deiner Wunschfarbe von innen und außen an. Die Pappe kann sich beim Bemalen wieder etwas aufwickeln. Das macht nichts, sie lässt sich ganz einfach wieder eindrehen, wenn die Farbe getrocknet ist. Wenn du möchtest, kannst du deine Serviettenringe auch noch mit hübschen Mustern verzieren. Wie wär's mit Punkten oder kleinen Dreiecken?

Kügelchen-
NINJAS

Das brauchst du

- 5 Klopapierrollen
- Acrylfarbe in Hautfarbe
- Krepppapier in Rot, Türkis, Dunkelblau, Schwarz, Orange, Hell- und Dunkelgrün
- Tonpapierstreifen in Orange, Gelb, Hellblau, Rot und Grün, 1 cm x 25 cm
- Fotokartonreste in Silber und Schwarz
- wasserfester Filzstift in Schwarz
- UHU Alleskleber Kraft
- Pinsel
- Transparentpapier

Vorlage Seite 137

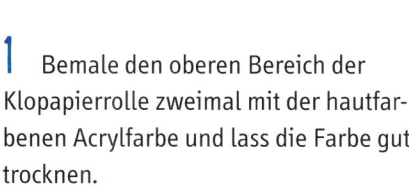

1 Bemale den oberen Bereich der Klopapierrolle zweimal mit der hautfarbenen Acrylfarbe und lass die Farbe gut trocknen.

2 Klebe die Rolle oben zusammen und halte sie fest, bis der Kleber getrocknet ist. Mach dir nun eine Transparentpapierschablone von dem Ninjagesicht, lege sie mit den Umrissen nach unten auf den angemalten Bereich der Klorolle und fah-

re das Gesicht mit einem Bleistift nach. Dann malst du die Augen mit Filzstift auf.

3 Nun wird geknüllt! Schneide oder reiße dazu das Krepppapier in viele gleich große Stücke und knülle kleine Kügelchen.

4 Gib etwas Kleber auf deine Figur, betupfe damit die Kügelchen und klebe sie rund um die Klorolle gut fest, nur das

Gesicht lässt du frei. Wenn du Muster wie Kreise oder Streifen gestalten möchtest, so klebst du diese zuerst auf und füllst die Leerstellen mit der Hauptfarbe auf.

5 Jetzt schneidest du die Waffen der Ninjas der Vorlage nach aus. Klebe die Waffen auf die Ninjas und zuletzt die Tonpapierstreifen als Gürtel oder auch als Stirnband. Beim Schwert musst du den Griff zusätzlich mit aufkleben.

Ganz schön
PIXELIG

1 Als Erstes fertigst du kleine Quadrate aus den verschiedenen Leinenstrukturpapieren an. Schneide dafür zunächst 1 cm breite Streifen zurecht und zeichne dann zentimeterweise eine Linie. Schneide alle Quadrate sorgfältig aus.

2 Ordne die Vierecke nun auf einem Blatt Kopierpapier so an, wie du dein Muster später haben möchtest. Wenn dir dein Bild gefällt, kannst du die Quadrate der Reihe nach aufkleben.

3 Nun kannst du dein Kunstwerk noch mit einem schwarzen Stift beschriften.

4 Zum Schluss klebst du das Bild mit Klebstoff auf die Vorderseite eines Ringbuchs.

Schlaufuchs!

Little MONSTER!

Putzige ZWERGENSTUBE

Das brauchst du

- feste Pappe, 40 cm x 12 cm
- dünne Pappe, 20 cm x 20 cm
- Acrylfarbe in Weiß, Rot, Blau, Grün, Rosa und Rot
- Pomponband in Grün, 20 mm breit, 50 cm lang
- Knöpfe
- Figurenkegel aus Holz, 102 mm x 42 mm
- Filzreste
- Bürohefter
- UHU Alleskleber

Vorlage Seite 138

1 Zeichne für das Haus eine Tür auf die festere Pappe auf und schneide zwei Drittel des Umrisses der Tür mit einem Cutter ein, sodass du die Tür später öffnen und schließen kannst. Schneide für das Dach einen Kreis mit 20 cm Durchmesser aus der dünnen Pappe aus. Schneide den Kreis einmal bis zur Mitte ein.

2 Streiche den Streifen für das Haus mit weißer und das Dach mit roter Acrylfarbe an. Die Farbe trocknen lassen. Das Haus verzieren und weiße Fliegenpilzpunkte auf das Dach aufmalen. Lass die Farbe gut trocknen.

3 Biege den Streifen für das Haus um einen runden Gegenstand, z. B. eine Flasche. Klebe die Enden des Streifens zusammen. Klebe einen Knopf als Türgriff an. Für das Dach formst du aus dem Kreis einen Kegel, indem du die beiden geraden Ränder von deinem Einschnitt überlappen lässt. Hefte den Kegel zusammen. Klebe das Pomponband um den Rand des Daches herum.

4 Nimm für die Zwerge Rohholzkegel und male zunächst die Köpfe mit rosa Acrylfarbe an. Wenn der Anstrich gut getrocknet ist, malst du Gesichter auf und stattest deine Zwerge mit Filzkleidern aus.

Verliebte
FLAMINGOS

Das brauchst du

- Fotokarton in Rosa und Pink, A3
- Fotokarton in Hellgrün und Grün, A4
- je 2x Leinenstrukturpapier in Orange, Braun und Rotbraun, 30,5 cm x 30,5 cm
- 2 Faltpapiere in Pink, 15 cm x 15 cm
- Satinband in Hellblau mit Punkten, 2 m lang
- UHU Alleskleber

Vorlage Seite 138

4 Jetzt fehlen nur noch die Hexentreppen für die Beine und die Baumstämme. Fertige dafür 1,5 cm breite und 30,5 cm lange Papierstreifen an. Vielleicht schneidet sie dir auch dein erwachsener Helfer mit dem Cutter zurecht. Pro Flamingo brauchst du acht orangefarbene Streifen und pro Palme zwei braune.

1 Übertrage die Vorlage der beiden Flamingos auf das rosa- und pinkfarbene Papier und schneide sie aus. Aus dem orangefarbenen Papier fertigst du zwei Schnäbel und vier Füße an. Klebe die Schnäbel an die Flamingos.

2 Nun schattierst du alle Teile mit Buntstiften und malst lustige Gesichter auf.

3 Schneide als Nächstes die vier Palmen aus und bemale sie ebenfalls.

5 Klebe zwei Streifen an einem Ende rechtwinklig aneinander. Falte dann immer den unten liegenden Streifen über den oberen (siehe Seite 8). Wenn du fertig bist, kannst du die Enden verkleben.

6 Da Flamingos sehr lange Beine haben, klebst du zwei Hexentreppen für ein Bein zusammen! Befestige am unteren Ende noch die Füße.

7 Klebe nun die Beine an die Flamingos und die Baumstämme an die Palmen. Knicke dazu am besten die oberste Faltung ein bisschen nach vorne.

8 Für die Flügel faltest du die beiden pinkfarbenen Faltblätter zu Fächern. Knicke das Papier nach 1,5 cm um, drehe das Blatt, knicke es wieder nach 1,5 cm um usw. Während du die Flügel faltest, kann dein Helfer am Bauch des Flamin-gos einen kleinen Schnitt machen, durch den du den Fächer dann schieben kannst. Ziehe ihn ein wenig auseinander, sodass man die Flügel der Flamingos gut sehen kann.

9 Fixiere zum Schluss alle Palmen und Flamingos an dem hellblauen Satinband, dann kannst du deine Girlande aufhängen.

23

Schweinchen
BRINGEN GLÜCK

Das brauchst du

- Papier in Rosa/Weiß, 10 cm x 10 cm
- Filzstift in Schwarz

1 Falte das Papier zu einem Dreieck.

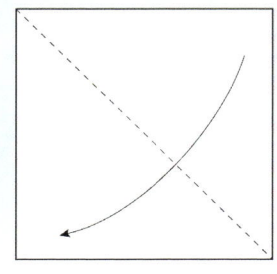

2 Falte das Dreieck in der Mitte und lege es so vor dich hin, dass die Faltlinie (= Strichpunktlinie) als Bergfalte nach oben zeigt.

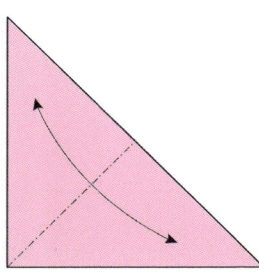

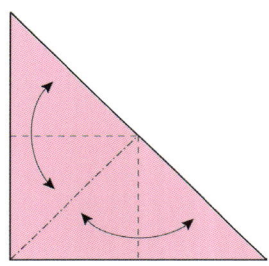

3 Falte die beiden seitlichen Ecken zur Mitte und wieder nach außen.

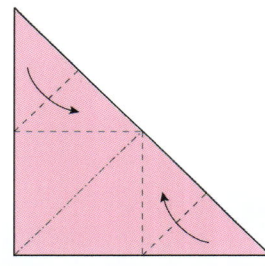

4 Falte dieselben Ecken an den gestrichelten Linien nach innen.

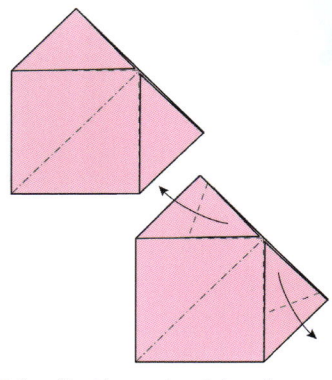

5 Falte die Ohren des Schweins an den gestrichelten Linien nach außen.

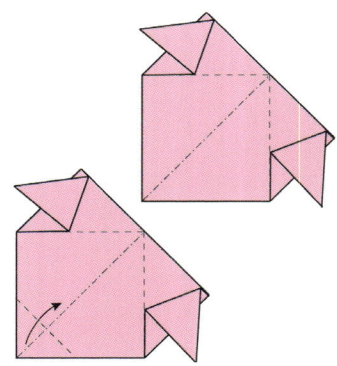

6 Falte für den Rüssel die untere Ecke nach oben.

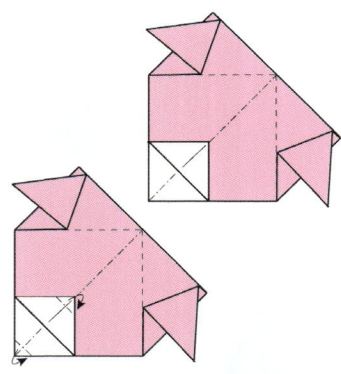

7 Falte die obere und die untere Ecke des Rüssels nach hinten.

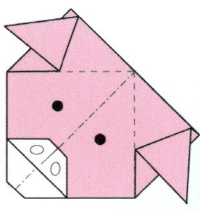

8 Zum Schluss die Augen und die Nasenlöcher aufmalen.

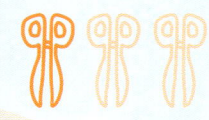

Superhelden
GESUCHT

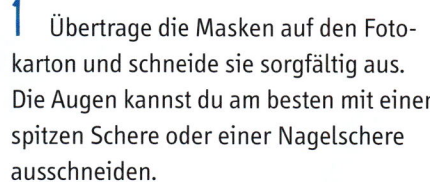

Das brauchst du

- Fotokarton in Rot, Hellgrün und Weiß, A4
- Fotokartonrest in Gelb, Weiß, Hellblau, Türkis, Dunkelblau und Dunkelgrün
- Bunt- und Filzstifte

- UHU Alleskleber
- Hutgummi in Weiß und Blau, je ca. 35 cm lang
- ggf. Nagelschere

Vorlage Seite 139

1 Übertrage die Masken auf den Fotokarton und schneide sie sorgfältig aus. Die Augen kannst du am besten mit einer spitzen Schere oder einer Nagelschere ausschneiden.

2 Schneide nun alle Teile, die du zum Verzieren deiner Masken brauchst, aus bunten Fotokartonresten aus.

3 Jetzt geht's ans Verzieren: Schattiere und bemale alle Teile mit Bunt- und Filzstiften. Lass deiner Fantasie freien Lauf. Statt der Blitze kannst du z. B. auch Herzen, Totenköpfe oder Kringel aufmalen, je nachdem, welchen Charakter dein Superheld bekommen soll.

4 Klebe alle Teile an der Maske fest und lass den Kleber gut trocknen.

5 Bitte einen Erwachsenen, dir mit einer Nadel oder einer spitzen Schere zwei Löcher für den Hutgummi in die Seiten der Maske zu stechen. Ziehe je ein Ende des Gummibandes hindurch und verknote es. Fertig.

Lustiges
SPIONAGEMONSTER

Das brauchst du

- Tonkarton in Hellgrün, A4
- Spiegelfolienrest (oder zwei kleine Spiegel)
- 18 Klebepunkte in Hellblau
- UHU Alleskleber
- Buntstifte in Dunkelblau, Magenta, Dunkelgrün und Weiß
- Kohlepapier
- Haushaltsgummis

Vorlage Seite 140

1 Übertrage die Vorlagen mithilfe eines Kohlepapiers auf den Tonkarton und schneide die Teile aus. Anschließend malst du das Monster an und verzierst es mit 18 Klebepunkten in Hellblau.

2 Falze das Papier an den Knicklinien und verklebe es an den Laschen. Am besten fixierst du das Ganze mit Haushaltsgummis, bis der Klebstoff hält.

3 Nun kannst du auch die Arme, die Zunge und die Augen an dein Monster kleben.

4 Schneide dir aus der Spiegelfolie zwei Quadrate aus (oder verwende zwei kleine Kosmetikspiegel) und klebe eines unten hinten und eines oben vorn in dein Monster (an die inneren „Dachschrägen"). Fertig ist der Spion!

Bunte
FEENFLÜGEL

Das brauchst du

- Pappe, 60 cm x 100 cm
- Pappestreifen
- Acryllack in Pink, Rosa, Gelb und Hellblau
- Geschenkpapierreste
- Gummiband, 1 cm breit, 1,20 m lang

Vorlage Seite 141

1 Knicke die Pappe in der Mitte und lege die beiden Hälften der Pappe aufeinander. Zeichne eine Flügelhälfte auf. Wenn du willst, kannst du dazu die Vorlage verwenden. Schneide die Feenflügel mit einer Schere oder einem Cutter aus. Klappe die Pappe wieder auseinander.

2 Die Flügel auf der Vorderseite und der Rückseite in deinen Lieblingsfarben bemalen. Lass die Farbe gut trocknen. Male einen ca. 2 cm breiten Rand in einer weiteren Farbe auf die Vorderseite.

3 Schneide verschieden große Kreise aus Pappresten aus. Beklebe die Kreise mit Geschenkpapier. Klebe jeweils einen großen und einen kleinen Kreis aufeinander. Trocknen lassen und auf die Flügel aufkleben.

4 Schneide für die Träger zwei ca. 60 cm lange Stücke Gummiband zurecht. Klebe das Gummiband rechts und links auf der Rückseite der Flügel unter einem Streifen Pappe fest. Jetzt die Flügel anprobieren und in passender Länge verknoten.

Schöne ARMREIFEN

Das brauchst du

- Papierstreifen in verschiedenen Farben, z. B. Gelb und Hellgrün gepunktet oder Rosa mit Mustern und Blümchen, je 50 cm lang und 1–2 cm breit
- UHU Alleskleber

1 Klebe je zwei Papierstreifen rechtwinklig aneinander und lass den Kleber gut trocknen.

2 Für die Hexentreppen faltest du nun immer den unten liegenden Streifen über den oben liegenden. Am besten drehst du dabei das Flechtwerk immer so, dass du sehr genau falten kannst.

3 Nun verklebst du die Enden der Papierstreifen.

4 Für ein Armband brauchst du zwei bis drei Hexentreppen. Klebe sie an den Enden aneinander und lass den Kleber wieder gut trocknen. Fertig ist dein bunter Armschmuck!

Das brauchst du

Bankräuber

- Wellpappestreifen in Rot, 20 cm x 2 cm und 20 cm x 1 cm
- Wellpappestreifen in Hellbraun, 15 cm x 2 cm und 4 cm x 1 cm
- Wellpappestreifen in Schwarz, 20 cm x 1 cm, 3 cm x 1 cm und 5 cm x 2,5 cm
- 2 Wellpappestreifen in Rot, 4 cm x 3 cm
- 2 Wellpappestreifen in Hellbraun, 4 cm x 1 cm
- Papierreste in Schwarz und Weiß

- Filzrest in Schwarz
- Stoffrest in Hellbraun
- 2 Magnete, ø 1 cm
- Filzstifte in Schwarz und Rot
- UHU Alleskleber Kraft

Superheld

- Wellpappestreifen in Hellbraun, 4 cm x 1 cm und 15 cm x 2 cm
- 2 Wellpappestreifen in Schwarz, 3 cm x 1 cm und 4 cm x 3 cm
- 2 Wellpappestreifen in Gold, 5 cm x 2,5 cm

- Wellpappestreifen in Gold, 20 cm x 1 cm
- Wellpappestreifen in Schwarz, 20 cm x 2 cm, 20 cm x 1 cm und 7 cm x 1 cm
- 2 Wellpappestreifen in Hellbraun, 4 cm x 1 cm
- Papierrest in Braun, Neongrün und Gelb
- 1 Magnet, ø 1 cm
- Filzstifte in Schwarz und Rot
- UHU Alleskleber Kraft

Vorlage Seite 137

1 Wickle zwei schwarze Streifen von 3 cm x 1 cm zu Rollen (siehe Seite 8) und schneide sie als Schuhe an einer Seite spitz zu. Für die Beine wickelst du zwei Rollen aus 5 cm x 2,5 cm großen schwarzen Streifen und eine Rolle aus einem 20 cm x 1 cm großen Streifen für die Hüfte. Klebe alle Teile aneinander. Wickle eine Rolle aus einem 20 cm x 2 cm großen roten Streifen, eine Rolle für die Schultern aus einem 20 cm x 1 cm großen

Streifen und für den Hals eine kleine 4 cm x 1 cm hellbraune Rolle.

2 Beim Kopf wird die Rolle mit der gewellten Seite nach innen gewickelt.

3 Fertige eine Kappe oder Superheldenhaare an und klebe sie ebenso wie die Masken aus Filz fest. Falte ein Säckchen aus dem Stoffrest und binde es oben zusammen.

4 Male das Gesicht mit Filzstiften auf. Die Registriernummer und das Dollarzeichen malst du auf Papier, schneidest beide aus und klebst sie den Ganoven auf die Brust und den Geldsack. Der Held bekommt ein Heldenabzeichen und ein Cape. Auf den Rücken der Figur klebst du den Magnet.

RECYCLING

Basteln mit
RECYCLINGSACHEN

Was ist Recycling?

Das Wort Recycling kommt aus dem Englischen und heißt Wiederverwerten. Aus vermeintlichem Müll lassen sich die tollsten Sachen machen. Joghurtbecher, leere Konserven oder Shampooflaschen solltest du vor dem Verbasteln allerdings zuerst gründlich ausspülen, um eventuell anhaftende Keime zu entfernen. Im Handumdrehen hast du großartiges Bastelmaterial!

Wertvolle Fundsachen

Als Bastelmaterial kannst du Eierkartons, Zeitungspapier, Blechdosen, Joghurtbecher, Verpackungsfolie, Kartonverpackungen, Luftpolsterfolie, Marmeladengläser, Tetra Paks®, Plastikflaschen und ihre Verschlüsse, Toilettenpapier- und Küchenpapierrollen oder Alufolie benutzen. Pappteller kannst du verwenden, um darauf Acrylfarbe zu mischen. Alte Wäscheklammern können dir dabei helfen, frisch geklebte Teile zu fixieren. Eigentlich kann man mit fast allem kreativ sein!

Bastelplatz vorbereiten

Bevor du mit dem Basteln beginnst, egal, ob auf dem Tisch oder auf dem Boden, deckst du alles gut ab. Auch hier verwendest du Recyclingmaterialien – alte Zeitungen oder aufgeschnittene Mülltüten eignen sich z. B. super dafür.

Schere oder Cutter?

Wenn mit einer Schere geschnitten wird, kannst du das übernehmen. Manchmal bietet sich eine Zackenschere an, beispielsweise bei Stoff oder Bastelfilz. Kleine Details schneidest du am besten mit einer Nagelschere aus. Meistens eignet sich aber eine Kinderbastelschere. Sollte es einmal kniffliger werden, kommt der Cutter zum Einsatz. Dieser gehört jedoch immer in Erwachsenenhände!

Klebstoff

Für die meisten Recyclingmaterialien bietet sich UHU Alleskleber Kraft an. Es gibt aber auch spezielle Klebstoffe für Metall, Glas oder Keramik, die hier bestens funktionieren.

Schmirgeln

Manche Recyclingfundstücke haben scharfe Kanten. Diese solltest du vor dem Basteln mit etwas Schmirgelpapier abschleifen, damit du dich später nicht daran verletzt.

Rakete für echte
ASTRONAUTEN

Das brauchst du

- 2 kleine Joghurtbecher in Blau
- Klopapierrolle
- Tonpapierreste in Weiß, Gelb, Rot, Hell- und Dunkelblau
- 3 Tonpapierstreifen in Weiß, ca. 3 mm breit und 10 cm lang
- ggf. Motivstanzer Kreis, ca. ø 1,5 cm und 2 cm
- UHU Alleskleber

Vorlage Seite 142

1 Setze zuerst den Raketenkörper zusammen: Stecke in ein Ende der Klopapierrolle einen der Joghurtbecher hinein, sodass nur noch ein kleines Stück vom Becher zu sehen ist. Am anderen Ende stülpst du den zweiten Becher über die Öffnung und lässt einen Erwachsenen die vier Ecken vom Rand abschneiden. Sichere alles mit etwas Klebstoff.

2 Schneide alle Teile der Vorlage nach aus Tonpapier zurecht. Aus dem dunkelblauen Tonpapier schneidest du zusätzlich ein 10 cm x 15 cm großes Stück zu. Klebe dieses Rechteck um die Klopapierrolle herum. So entsteht der Rumpf. An den Rändern des Rumpfes befestigst du jeweils einen der weißen Tonpapierstreifen.

3 Schneide den dunkelblauen Kreis ein, forme ihn zu einem Kegel und klebe die Ränder fest. Klebe diese Spitze auf den zweiten Joghurtbecher. Am Rand der Spitze bringst du den letzten weißen Tonpapierstreifen an.

4 Klebe die Feuerteile aufeinander, ebenso die weißen Kreise auf die hellblauen. Befestige die Fenster auf dem Rumpf der Rakete und klebe die vier Feuerteile in die Öffnung des ersten Bechers.

5 Knicke die Ruder um, trage auf die entstandenen Laschen Klebstoff auf und bringe die drei Ruder am Rumpf der Rakete an.

Tipp

Du kannst die Fensterkreise auch mit einem Motivstanzer ausstanzen. Dann ist das Ausschneiden nicht mehr so knifflig und deine Kreise werden schön gleichmäßig rund.

Blütenpracht
IN DER DOSE

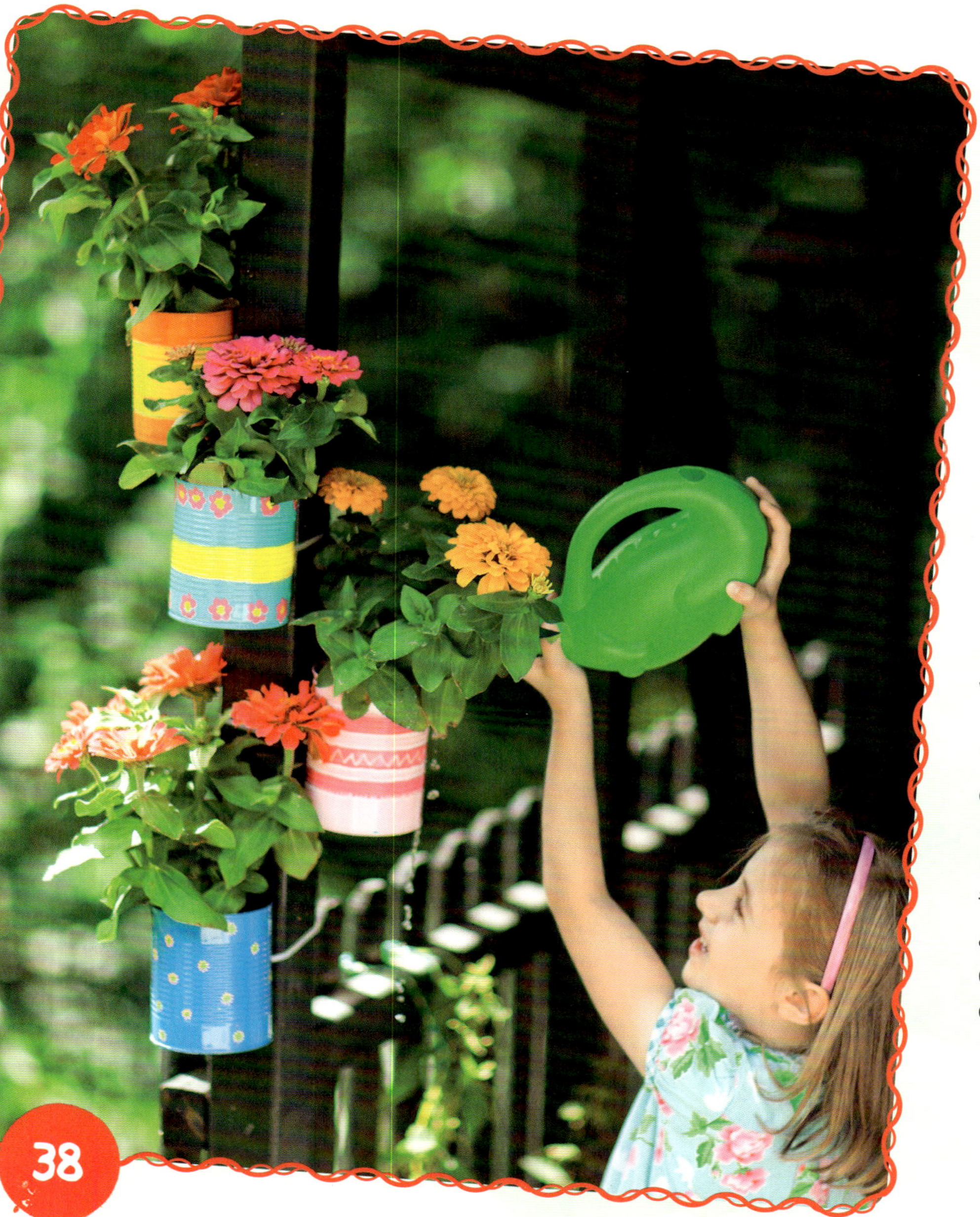

1 Entferne das Etikett von den Konservendosen und spüle sie gründlich aus. Streiche jede Büchse in einer Farbe deiner Wahl mit Acryllack an und lass sie gut trocknen. Wenn die Farbe nicht so gut deckt, überstreichst du die Dose ein zweites Mal.

2 Verziere deinen Pflanztopf mit Streifen, indem du ihn in der Hand hältst und einmal ringsherum mit dem Pinsel fährst. Oder du tupfst Punkte drauf. Dafür tunkst du den Radiergummi eines Bleistifts in Farbe und stempelst damit Punkte auf den Topf.

3 Bitte einen Erwachsenen, für dich mit dem Kastanienbohrer Löcher in den Büchsenboden zu bohren, damit das Gießwasser ablaufen kann. Dann werden mittig zwischen Ober- und Unterkante deiner Dose zwei weitere Löcher nebeneinander im Abstand von ca. 5 cm gebohrt. Jetzt fädelst du den langen Kabelbinder von außen durch eines der beiden Löcher hinein und durch das andere Loch wieder heraus.

4 Zum Bepflanzen gibst du zunächst eine ca. 5 cm hohe Schicht Erde auf den Boden der Dose. Dann nimmst du die Blumen aus dem Blumentopf, stellst sie in die Dose und füllst rundherum Erde auf. Den Kabelbinder legst du mit den Enden einmal um einen Pfosten, Zaunpfahl oder das Balkongitter und ziehst ihn fest.

Hoppe hoppe
REITER

Das brauchst du

- leere, saubere Plastikflasche (z. B. dunkle Saftflasche)
- starkes Gummi- oder Kreppband
- Fotokartonreste in Braun, Rosa, Schwarz und Weiß
- Filzstift in Schwarz
- Wolle in Weiß
- Webband, 2 m lang
- dicker Stab (z. B. Besenstiel)
- ggf. Heißklebepistole
- UHU Alleskleber

Vorlage Seite 142

1 Knicke die Flasche und klebe sie an der Knickstelle zusammen. Zum Trocknen die Flasche mit dem Gummi- oder Kreppband fixieren.

2 Schneide gemäß der Vorlage aus dem braunen und rosafarbenen Fotokartonrest die Ohren und die Innenohren aus und klebe sie zusammen. Dann schneidest du für die Augen und Nasenlöcher Kreise aus. Die Pupillen malst du mit dem Filzstift auf.

3 Klebe das Webband als Halfter um die Pferdeschnauze und die Augen, Nüstern und, oben an der Knickstelle, die Ohren an.

4 Fertige nun zwei Troddeln an, indem du ein Stück Wolle mehrmals um die Hand wickelst, zusammenbindest und am Ende gegenüber aufschneidest. Klebe die Troddeln als Pony und Mähne an.

5 Stecke den Besenstiel in die Flaschenhalsöffnung und klebe das Webband als Zügel fest.

Ritter Kork
MIT GEFOLGE

Das brauchst du

- 5 Weinkorken, ø 2 cm, 4 cm hoch
- Metallschraubverschluss in Rot, Silber und Gold, ø 2,7 cm, 1,5 cm hoch
- 3 Eicheln
- Acrylfarbe in Weiß, Rot, Schwarz, Silber und Gold
- 6 Holzperlen in Rot, ø 1 cm
- 2 Holzperlen in Orange, ø 1 cm
- 5 Holzperlen in Rot, ø 0,5 cm

- 9 Kiefernzapfenschuppen, 2 cm lang
- Feder in Gelb, Rot und Schwarz, 4–5 cm lang
- Plastiktrinkhalm in Schwarz, ø 7 mm
- Wickeldraht, ø 0,65 mm, 1 m lang
- Golddraht, ø 0,35 cm, 1 m lang
- Golddraht, ø 1 mm, 10 cm lang
- 4 Zahnstocher
- 2 Wattestäbchen
- 2 Pfefferkörner
- Tonpapierrest in Apricot
- etwas getrocknetes Moos

- Buchsblatt
- mittlerer Haarpinsel
- dünner Permanentmarker in Schwarz und Rot
- UHU Alleskleber Kraft
- Handbohrer, ø 1,5 cm
- Dosendorn

Vorlage Seite 142

1 Male den Korken in Rot, Schwarz oder Gold an und lasse ihn trocknen.

2 Schneide für die Arme vom schwarzen Trinkhalm jeweils 1,7 cm ab. Vom Blumendraht brauchst du je Arm ein 8 cm langes Stück. Stecke eine rote oder orangene Perle in der Mitte darauf und verdrehe den Draht fest. Schiebe das Trinkhalmstück bis zur Perle. Bastelanfänger benötigen hier die Hilfe eines Erwachsenen: Bohre am Weinkorken oben links und rechts mit dem Handbohrer je ein Loch und stecke den Draht tief hinein. Biege die Arme in Form.

3 Die Füße bestehen aus zwei Zapfenschuppen. Falls der Ritter wackelt, benötigt er ein weiteres Zapfenstück unter den Po.

4 Halbiere zwei kleine rote Perlen, indem du mit dem Dosendorn kräftig von oben in die Perlenöffnung drückst. Lass dir dabei von einem Erwachsenen helfen! Klebe eine halbe Perle als Nase und zwei weitere als Ohren auf die Eichel. Male mit einem schwarzen Permanentmarker die

Augen und mit einem roten den Mund auf. Klebe den Kopf oben auf den Körper.

5 Bohre mit dem Handbohrer ein Loch oben in die Mitte des Metallverschlusses. Lass dir auch bei dieser Arbeit von einem Erwachsenen helfen. Schneide für das Visier der Ritter den Verschluss mit dem Küchenmesser 1 cm von unten der Breite nach auf. 2 cm solltest du stehen lassen, damit das Visier noch befestigt ist. Biege den unteren Teil vorsichtig herunter. Klebe den Federkiel oben in das Helmloch.

6 Der Knappe bekommt einen ganzen roten Verschluss und etwas Moos als Haare angeklebt. Den roten Weinkorken umwickelst du mit dem goldenen Draht und steckst die Drahtenden in den Kork. Setze die Flaschenverschlussvisiere mit viel Kleber auf die Köpfe der Ritter.

7 Für ein Schwert malst du einen Zahnstocher mit Silberfarbe an und lässt ihn trocknen. Schneide ein 1 cm langes Plastikhalmstück ab, drücke es zusammen, bohre in der Mitte ein Loch und schiebe es durch die Zahnstocherspitze.

Klebe das Schwert in das Perlenloch einer Ritterhand.

8 Der Draht der Lanze ist 10 cm lang und bekommt ein Buchsblatt als Lanzenspitze oben angeklebt.

9 Für das Pferd schneidest du zwei Weinkorken in der Länge durch. Lasse dir dabei von einem Erwachsenen helfen. Male diese vier halben sowie einen ganzen Weinkorken mit weißer Farbe an. Lasse alle Teile trocknen. Stecke in jedes Bein ein 3 cm langes, mit Klebstoff bestrichenes Zahnstocherstück und oben den ganzen Korken als Rumpf dagegen. Ein halber Korken wird vorne am Körper als Hals angeklebt. Stecke ein 3 cm langes Zahnstocherstück vom Hals in den Leib. Klebe den Kopfkorken oben auf den Hals. Das Pferd bekommt Augen aus Pfefferkörnern und zwei abgeschnittene Wattestäbchen als Ohren. Die Mähne und der Schweif sind aus apricotfarbenem Tonpapier.

Super-
LASTWAGEN

1 Trenne für die Ladefläche den Deckel von deinem Eierkarton ab und kürze ihn auf 20 cm. Aber Achtung! Den Mittelteil des Deckels musst du 3 cm länger lassen. Dieses Stück ist später deine Klebelasche.

2 Für das Führerhaus klebst du zuerst den Deckel deiner Teeschachtel fest und schneidest dann eine 8 cm lange Hälfte ab. Schneide mit der Schere an allen vier Kanten der Schachtel 1 cm tief ein und knicke die Ränder nach innen zu Klebelaschen um.

3 Drehe die Schachtel so, dass die Öffnung nach unten zeigt. Schneide mithilfe der Vorlage an den schmalen Seiten jeweils ein kleines Fenster und an einer breiten Seite ein großes Fenster aus.

4 Drehe die Seite mit dem großen Fenster nach vorn und miss ab, wie breit sie ist. Schneide dann drei Teile aus Graupappe in dieser Breite und in 4 cm, 15 cm und 2 cm Länge zu. Verbinde die drei Teile in der genannten Reihenfolge, indem du zwischen die Pappen jeweils mittig ein Metallstück klebst. Das 4 cm Stück liegt später hinten an deinem LKW und das 2 cm Stück vorn.

5 Male Ladefläche und Führerhaus mit weißer Farbe an. Die Holzscheiben färbst du schwarz, vier Holzoliven silber und zwei gelb. Ist die weiße Farbe trocken, streichst du die Ladefläche hellblau und das Führerhaus dunkelblau an.

6 Klebe je zwei Schaschlikstäbchen zusammen und kürze sie auf 10 cm und 12 cm Länge. Stecke an jedem Ende eine Holzscheibe auf und fixiere sie mit etwas Klebstoff.

7 Nun geht's ans Zusammensetzen. Lege die 12 cm Achse hinten und die 10 cm Achse vorn in das Metallstück. Bestreiche die Klebelasche der Ladefläche von unten mit Klebstoff und befestige sie unten an der 4 cm Pappe. Dann klebst du das Führerhaus vorn auf die restliche freie Pappe.

8 Stanze vier graue Kreise aus und klebe sie außen auf das Loch der Holzscheiben. Befestige darauf überall eine silberne Holzolive.

9 Zum Schluss verzierst du den LKW noch mit gelben und grauen Papierstreifen und bringst die gelben Holzoliven als Scheinwerfer an.

Guter Fang
VOLLER MÜNZEN

Das brauchst du

- alte Shampooflasche
- Acrylfarbe in Blau, Rot, Weiß und Schwarz
- Fotokarton in Grau
- Wackelaugen
- evtl. leere Klopapierrolle
- Cutter mit Schneideunterlage
- UHU Alleskleber

1 Bemale eine alte Shampooflasche mit blauer Acrylfarbe. Zeichne dann mit wasserfestem Filzstift ein fieses Haimaul mit spitzen Zähnen auf. Male das Maul mit Acrylfarbe aus. Als Augen klebst du Wackelaugen auf beide Seiten der Flasche.

2 Zeichne eine Haifischflosse auf grauen Fotokarton und schneide sie zweimal aus. Beide Teile entgegengesetzt jeweils

1 cm weit umknicken, zusammenkleben und mit der abgeknickten Fläche auf den Hai aufkleben.

3 Nun fehlt nur noch die Öffnung für das viele Geld: Sie wird mit einem Cutter hinter der Flosse hineingeschnitten. Lass dir besser helfen, damit du dir nicht in die Finger schneidest!

Plitsch-Platsch-
SCHWAMMBOMBEN

Das brauchst du

- 2 Schwammtücher
- Baumwollfäden
- Schwamm
- Stickgarn in Schwarz
- dicke lange Nadel
- Eimer mit Wasser

Vorlage Seite 143

1 Schneide die Schwammtücher jeweils in sieben Streifen. Bündle die Streifen und wickle in der Mitte einen Faden um alle Streifen. Den Faden straffziehen und zusammenknoten. Jetzt sieht deine Schwammbombe ein bisschen aus wie ein Seeigel.

2 Nun kannst du aus Abwaschschwämmen noch Figuren ausschneiden, z. B. einen Fisch oder einen Qualle. Übertrage das Tier von der Vorlage auf einen Schwamm, schneide es aus und zeichne mit einem wasserfesten Filzstift die Augen auf. Dann nimmst du Nadel und Faden und nähst mit zwei Stichen deinen Zierfisch oder deine Qualle an die Schwammbombe an.

Vorsicht,
EXTREM BISSIG!

Das brauchst du

- Bläschenfolie, 20 cm x 20 cm
- Fotokarton in Grün, A4
- Moosgummi in Grün, A4
- Fotokartonrest in Pink
- Blatt Papier
- Acrylfarbe in Gelb, Neon- und Dunkelgrün
- Filzstift in Rot
- Permanentmarker in Schwarz
- 2 Wattekugeln, ø 1 cm
- Borstenpinsel
- Klebefilm
- UHU por
- Zick-Zack-Schere
- Nagelschere

Vorlage Seite 143

1 Wickle die Bläschenfolie mit den Bläschen nach außen zu einer Rolle und fixiere sie mit Klebestreifen. Schlage das eine Ende der Rolle als Kopf einmal um und klebe es ebenfalls fest. Das andere Ende schneidest du als Schwanzspitze zu.

2 Für die Augen ritzt du mit einer feinen Nagelschere an entsprechender Stelle beidseitig einen kleinen Spalt in die Folie. Dort hinein klebst du die Wattekugeln mithilfe von Styropor®-Kleber. Schneide Vorder- und Hinterbeine einmal aus Moosgummi und einmal aus Tonkarton aus. Klebe sie aufeinander und dann von unten ans Krokodil.

3 Bemale die Folie mit einem Gemisch aus grün-gelber Acrylfarbe, indem du die Farbe mit dem Pinsel auf die Bläschen tupfst. Lass alles gut trocknen.

4 In der Zwischenzeit schneidest du mit der Zackenschere aus dem pink-farbenen Fotokarton einen schmalen Streifen für die Rückenzacken und aus dem Blatt Papier einen weißen Streifen für die Zähne. Mit einem roten Filzstift kannst du das Zahnfleisch andeuten. So sieht dein Krokodil gefährlich aus. Die schlitzförmigen Pupillen malst du mit dem schwarzen Permanentmarker auf die Wattekugelaugen.

Cooles
KEGELSPIEL

Das brauchst du

- 10 große Joghurtbecher in Orange-Weiß
- 8 große Joghurtbecher in Rot-Weiß
- 9 Styropor®-Kugeln, ø 5 cm
- Acrylfarbe in Rot und Orange
- Glitzerkartonrest in Orange und Dunkelrot
- Motivstanzer „Stern"
- Wäscheklammern
- Sand oder Kies
- Pinsel
- UHU Alleskleber Kraft

1 Für einen Kegel brauchst du je zwei Joghurtbecher in der gleichen Farbkombination, eine Styropor®-Kugel, etwas Glitzerkarton und Acrylfarbe passend in Orange oder Rot. Male die Kugeln mit Acrylfarbe an und lass die Farbe gut trocknen.

2 Währenddessen füllst du etwa drei Esslöffel Sand in einen Becher, streichst die Ränder von beiden Bechern mit Klebstoff ein und klebst sie dann farblich versetzt zusammen. Klemme an jede Ecke eine Wäscheklammer und lass das Ganze über Nacht trocknen.

3 Am nächsten Tag befestigst du die Kugel mit Klebstoff auf dem obersten Becher. So entstehen deine Kegel. Während der Klebstoff trocknet, stanzt du vier Sterne aus dem Glitzerkarton aus und verzierst damit die Kegel, indem du sie abwechselnd oben und unten in die weißen Felder der Becher klebst.

4 Stelle weitere acht Kegel wie beschrieben her. Insgesamt brauchst du vier rot-weiße und fünf orange-weiße Kegel. Dem vordersten Kegel klebst du dann noch einen weißen Stern vorne auf die Kugel. So weißt du immer, wie du deine Kegel aufstellen musst.

Fliegende
FLATTER-FISCHE

Das brauchst du

- bunte Plastiktüte
- Deckel einer Käseschachtel
- Paketschnur in Rot-Weiß, 35 cm lang
- 2 ovale Wackelaugen, ø 2 cm
- Hologrammfolienrest
- Lochzange
- UHU Alleskleber
- Lineal
- Permanentmarker in Schwarz

Vorlage Seite 143

1 Schneide die Plastiktüte an den Längsseiten auf. Trenne die Pappscheibe aus der Käseschachtel und miss ihren Umfang.

2 Schneide von der Plastiktüte ein entsprechend langes, 13 cm breites Stück mit 2 cm Klebezugabe ab.

3 Den Rest der Plastiktüte kannst du nun der Länge nach in 2 cm breite Streifen schneiden. Diese klebst du an die lange Seite des breiten Streifens rund um die Käseschachtel herum.

4 Stanze mit einer Lochzange zwei Löcher in den Ring und verknote die Paketschnur.

5 Klebe die Wackelaugen auf und betone sie mit dem Permanentmarker. Schneide die Flossen aus der Hologrammfolie aus und fixiere sie an deinem fliegenden Fisch.

Blümchen-Zier
FÜR KLEINE TÖPFE

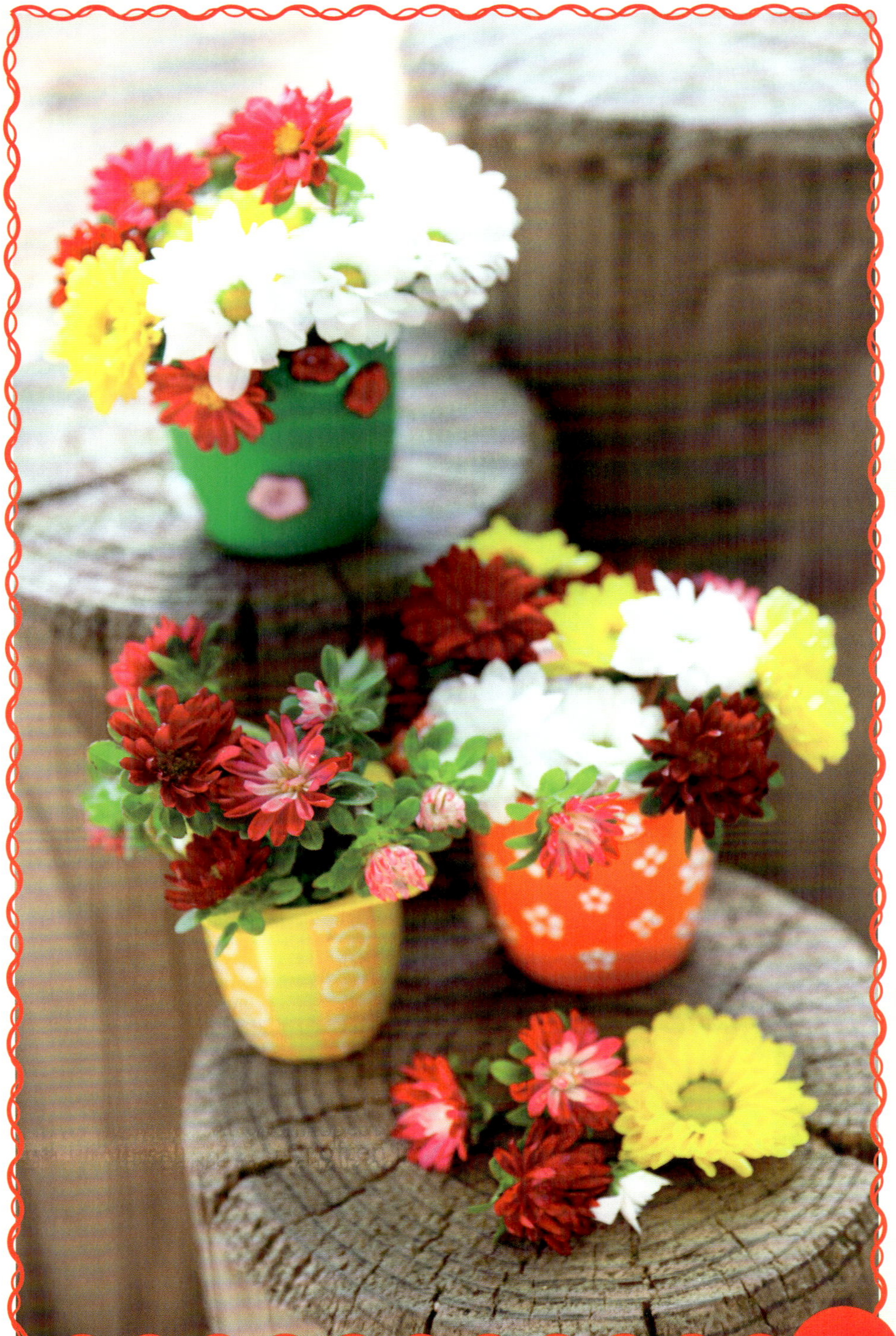

1 Leere Joghurtbecher kannst du ganz leicht in hübsche Blumenvasen oder Blumentöpfchen verwandeln. Male z. B. einen großen Becher grün an und klebe viele kleine Blumenknöpfe auf, so entsteht eine kleine Blumenwiese.

2 Du kannst aber auch mit einem feinen Pinsel nach Vorlage ein hübsches Blumenmuster auf deinen Becher auftupfen, dann blühen die Blumen mit deinem Becher um die Wette.

3 Es sieht auch sehr schön aus, wenn du deinen Becher mit Masking Tape beklebst. Einfach kleine Stücke abschneiden und senkrecht oder waagerecht entlang des Bechers kleben. Bestimmt fallen dir noch viel mehr Ideen ein.

Sonntags-
KAFFEEKLATSCH

Das brauchst du

- 10er-Eierkarton mit achteckigen Schälchen
- Acrylfarbe in Zartgelb und Pink
- Acrylmalstift in Grün
- Wattekugel, ø 1 cm
- Chenilledraht in Pastellgelb, ø 0,7 cm, 32 cm lang
- UHU Alleskleber

1 Für die Tassen und die Kaffeekanne schneidest du sechs achteckige Schälchen, ca. 2,5 cm hoch, aus dem Eierkarton aus. Für die Unterteller schneidest du vier weitere Schälchen, ca. 0,5 cm hoch, zu. Male die höheren Schälchen in Zartgelb an. Trocknen lassen. Dann klebst du für die Kaffeekanne zwei Schälchen gegeneinander. Blütenstängel und Blätter malst du mit dem Acrylmalstift auf. Für die Blumen tupfst du kleine, pinkfarbene Punkte auf. Farben trocknen lassen.

2 Teile den Chenilledraht in fünf Teile von je 5 cm und ein Teil von 7 cm. Biege die 5 cm langen Teile zu einem U und knicke die Enden nach innen um. Dann klebst du sie als Henkel an Kaffeekanne und Tassen. Für den Ausguss der Kaffeekanne knickst du das 7 cm lange Chenilledrahtstück an beiden Enden etwas um und biegst es zurecht. Dann klebst du es an der gegenüberliegenden Seite vom Henkel an.

3 Jetzt tauchst du die vier Schälchen für die Unterteller in ein Glas Wasser und biegst die Ränder etwas nach unten. Gut trocknen lassen.

4 Dann kannst du den Unterteller und die Wattekugel bemalen. Ist die Farbe trocken, klebst du die Wattekugel oben auf die Kaffeekanne.

Küken-
GEHEIMNISSE

Das brauchst du

- 2 Klopapierrollen
- Seidenpapier in Weiß
- Acrylfarbe in Gelb
- Tapetenkleister
- Fotokartonreste in Orange und Weiß
- Krepppapier in Grün
- 4 Federn in Gelb
- Wackelaugen, ø 1,2 cm
- Schleifen in Rosa-Weiß kariert
- UHU Alleskleber

Vorlage Seite 144

1 Kürze die Klopapierrollen auf eine Länge von 6,5 cm. Stelle die Rollen auf den weißen Fotokarton und umfahre sie mit einem Bleistift. Für jedes Küken brauchst du zwei Kreise. Schneide die Kreise etwas größer als aufgezeichnet aus. Dann schneidest du sie in Zacken bis zur aufgemalten Linie ein. Biege die Zacken nach oben und verschließe die Öffnungen der Klorollen mit den Pappkreisen.

2 Reiße das Seidenpapier in kleine Stücke. Bereite den Tapetenkleister nach Anleitung vor und trage mehrere Schichten Seidenpapier und Kleister auf die Rollen auf. Lass alles gut trocknen.

3 Dann schneidest du die Rollen in der Mitte auf. Etwa 1,5 cm werden nicht eingeschnitten, damit du das Küken aufklappen kannst.

4 Male das Küken außen und innen gelb an. Ist die Farbe getrocknet, klebst du Wackelaugen und Schleife an. Die Wangen malst du mit einem Buntstift auf.

5 Schneide die Schnäbel der Vorlage nach aus und klebe sie an der Innenseite an. Dann biegst du sie wie auf dem Foto zu sehen auseinander. Jetzt schneidest du noch einen 15 cm x 35 cm breiten Krepppapierstreifen in Zacken ein und befestigst ihn rund um das Küken. Zum Schluss die Federn ankleben.

Rasante
FLITZER

Das brauchst du

- Holzwäscheklammer
- Acrylfarbe oder Masking Tape
- 4 gleichgroße Knöpfe
- Strohhalm
- plastikummantelter Draht (liegt z. B. Gefrierbeuteln bei)
- Pinsel
- UHU Alleskleber

1 Verziere die Wäscheklammer mit etwas Acrylfarbe oder mit Masking Tape.

2 Klemme den Strohhalm in die Wäscheklammer und schneide ihn an beiden Seiten ab, sodass noch etwa 2 mm an jeder Seite überstehen. Dann ein zweites gleich großes Strohhalmstück abschneiden.

3 Fädle den Draht durch zwei Löcher eines Knopfes und schiebe ein Strohhalmstück über beide Drahtenden. Die Drahtenden jeweils durch die Löcher des zweiten Knopfes schieben, den Draht verzwirbeln und den Überstand abschneiden. Anschließend ein zweites Radpaar anfertigen.

4 Lege eine Achse in die Aussparung der Wäscheklammer. Das andere Radpaar klebst du am Strohhalm hinten in die Klammer ein. Achte darauf, dass die Strohhalme locker zwischen den Knöpfen liegen, damit sich die Drähte in den Strohhalmen drehen können.

Shampoo-
BOOTE

Das brauchst du

- leere, ausgewaschene Shampoo- oder Duschgel-Flasche
- Weinkorken
- 2 Haushaltsgummis
- Schaschlikstäbchen
- Stoffrest
- UHU Alleskleber
- Cutter

1 Schneide den Weinkorken mit dem Cutter der Länge nach durch. Lass dir hierbei von einem Erwachsenen helfen.

2 Nun den Stoffrest rechteckig zurechtschneiden. Bestreiche die Längsseite mit Klebstoff und umwickle den Schaschlikstab.

3 Aus dem restlichen Stoff schneidest du noch ein dreieckiges Segel.

4 Stecke das Segel mittig in die gerundete Korkenhälfte, setze den Mast auf die Shampoo-Flasche und befestige alles mit zwei Gummibändern. Wenn du magst, kannst du das Boot und das Segel noch mit Klebefolie, buntem Papier oder Masking Tape verzieren.

Kunterbunte
EULENPARTY

Das brauchst du

- 3 6er-Eierkartons mit achteckigen Schälchen
- Eiersteige mit viereckigen Schälchen
- 4 Wattekugeln, ø 3 cm
- Acrylfarbe in Orange, Flieder, Türkis, Gelb, Hellgrün, Pink und Schwarz
- Pomponband in Weiß, 1 cm breit, 17 cm lang
- Spitzenband in Weiß, 1 cm breit, 17 cm lang
- 2 Strassherzen in Türkis und Pink, 1,5 cm hoch
- wasserfester Stift in Rot und Schwarz
- Lackmalstift in Weiß
- UHU Alleskleber Kraft

1 Zeichne die Eulengesichter auf die Eiersteige auf. Dazu zeichnest du zwei nebeneinanderliegende Eulenaugen auf. Verbinde die Augen mit einer geraden Linie, das wird der Eulenschnabel. Zeichne auch kleine Ohren oberhalb der Augen auf. Schneide die Eulengesichter aus, die Eulenaugen werden auch innen ausgeschnitten. Für die Füße schneidest du aus einem Eierkarton vier ca. 1,5 cm hohe Schälchen aus.

2 Nun kannst du die beiden noch vollständigen Eierkartons, die Eulengesichter und die Füße nach Lust und Laune bunt anmalen. Möchtest du deine Eulen als Geschenkschachteln nutzen, male die Kartons auch innen bunt an. Alles gut trocknen lassen.

3 Jetzt kannst du die Wattekugeln für die Augen in Gelb bzw. Orange anmalen. Farbe trocknen lassen. Male mit dem wasserfesten Stift Kreise (ø 2 cm) für die Pupillen auf die Wattekugeln und male sie aus. Den Mund malst du mit einem roten Stift auf, die Lichtpunkte setzt du mit dem weißen Lackmalstift in die Augen.

4 Klebe die Gesichter auf die beiden Eierkartondeckel und in die Öffnungen die Wattekugel-Augen.

5 Verziere nun den Eulenbauch noch mit den Strassherzen und klebe das Pompon- bzw. Spitzenband auf.

Tipp

Anstatt die Eulen zu verschenken, kannst du darin auch prima deine Lieblingssüßigkeiten aufbewahren.

Königliche
RITTERBURG

1 Zeichne auf die Karton-Rückseite ein Burgtor auf und bitte einen Erwachsenen, es mit dem Cutter auszuschneiden. Lasst etwa 10 cm links und rechts stehen, damit du das Tor später öffnen und schließen kannst.

2 Bemale den Karton mit hellblauer Acrylfarbe. Das Tor lässt du weiß. Nach dem Trocknen malst du die blauen Mauersteine auf die Burg auf.

3 Streiche das Tor braun an, lass die Farbe trocknen und verziere es mit dem goldenen Lackstift. Klebe links und rechts einen Papierstrohhalm an deine Burg.

4 Während alles trocknet, fertigst du die Deckel zum Verschließen der gelben und blauen kleinen Joghurtbecher an. Für die Burgtürme klebst du abwechselnd gelbe und blaue Becher aufeinander.

5 Zeichne einen Kreis (ø 14 cm) auf den roten Karton und schneide ihn aus. Halbiere ihn, klebe die Hälften zu Dächern zusammen und klebe sie dann als Turmspitzen an.

6 Klebe die Burgmauer mittig auf einen Streifen Fotokarton. Die beiden Türme klebst du links und rechts daneben.

7 Klebe noch die orangefarbenen Becher auf die Burgmauer auf, schneide silberne Fenster zu und bringe sie an der Burg an.

MIT IHREM RITTER

Das brauchst du

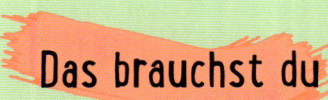

Material Ritter

- Joghurtbecher in Blau
- Wattekugel, ø 3 cm
- Holzhalbkugel, ø 0,5 cm
- Acrylfarbe in Hautfarbe und Silber
- Feder in Gelb und Weiß, 8 cm lang
- Fotokartonrest in Silber
- Papierstrohhalm, 10 cm lang
- Strassstein in Gelb, ø 0,5 cm
- Buntstift in Rot
- Filzstifte in Schwarz und Weiß
- UHU Alleskleber

Material Prinzessin

- Joghurtbecher in Pink
- Wattekugel, ø 3 cm
- Holzhalbkugel, ø 0,5 cm
- Acrylfarbe in Hautfarbe
- Kordel in Gelb, 15x 15 cm lang
- Spitze in Weiß, 2 cm breit, 7 cm lang
- Wollrest in Rosa
- ca. 15 Strasssteinchen nach Wunsch
- Papierblümchen nach Wunsch
- UHU Alleskleber

Vorlage Seite 144

Ritter

1 Klebe zunächst die Holzhalbkugel für die Nase an die Wattekugel. Dann kannst du das Ganze hautfarben anstreichen.

2 Ist die Farbe trocken, malst du den silbernen Helm auf. Achte darauf, dass das Loch in der Wattekugel die Oberseite des Helms bildet!

3 Nach dem Trocknen malst du dem Ritter das Gesicht auf und klebst den Kopf auf den Joghurtbecher.

4 Stecke die Federn in das kleine Loch der Wattekugel. So entsteht der prachtvolle Helm. Den Becher, also das Rittergewand, verzierst du vorne mit silberner Farbe und einem Glitzerstein. Schneide die Speerspitze aus Fotokarton zu und klebe sie an den Papierstrohhalm. Zum Schluss befestigst du den Speer am Ritter.

Prinzessin

1 Klebe die Halbkugel als Nase an die Wattekugel. Bemale den Kopf mit der Hautfarbe und zeichne nach dem Trocknen das Gesicht auf.

2 Nun kannst du den Kopf auf den Joghurtbecher kleben. Dann bekommt die Prinzessin ihre Haare: Klebe dafür aufgedröselte Kordelstücke auf den Kopf der Prinzessin.

3 Binde die Haare mit zwei Wollfäden zu Zöpfen und verziere sie mit den Blümchen und Strasssteinchen.

4 Für die Krone klebst du das Spitzenband an den Enden zusammen, das Krönchen klebst du auf den Kopf. Zum Schluss verzierst du das Kleid mit der Blume und Glitzersteinchen.

Tipp

Bastle noch mehr Burgbewohner aus Joghurtbechern und beschere deiner Prinzessin ein großes Gefolge.

Pfeilschnelle
KUGELBAHN

1 Für die Türme kürzt du die Geschenkpapierrollen auf eine Länge von 37 cm und 32 cm und die drei Küchenpapierrollen auf 25 cm, 19 cm und 14 cm. Eine weitere Küchenrolle kürzt du auf eine Länge von 25 cm und schneidest sie längs in zwei Hälften. Für die Bahnen schneidest du noch eine Küchenrolle längs auf und dann in drei Stücke zu 18 cm, 14 cm und 7 cm. Schneide auch die Graupappe zu. Jetzt kannst du alles in deinen Wunschfarben bunt anmalen. Male auch den Dosendeckel mit Acrylfarbe an. Lass alles gut trocknen!

2 Zusammen mit einem Erwachsenen schneidest du jetzt die Löcher für die Bahnen in die Rollen. Achtet darauf, dass die Löcher von einem Turm zum anderen immer etwas tiefer liegen, damit die Kugeln auch von allein weiterrollen. Die erste Öffnung bringst du deshalb am besten am höchsten Turm ganz oben an. Zeichnet euch vorher die Öffnungen, die ihr ausschneiden wollt, mit einem Bleistift auf. Bei der Startöffnung wird der Turm wie eine Zinne geschnitten (siehe Vorlage). Die Bahn, in der die Kugel läuft, bis ganz an den inneren Turmrand schieben, damit die Kugel nicht in den Turm fällt. Bei den Turmöffnungen, an denen die Kugel ankommt, ist die Bahn nur ein Stückchen in die Öffnung geschoben, damit die Kugel auf die nächste, darunter liegende Bahn fallen kann.

3 Schneide Fenster und Dächer aus Tonpapier der Vorlage nach aus. Klebe die Fenster auf die Türme. Rolle die Dächer trichterförmig ein und klebe die überlappenden Ränder zusammen. Dann kannst du die Dächer auf den Türmen befestigen. Streiche dafür die Öffnung der Rollen mit Klebstoff ein und setze das Dach gerade darauf. Jetzt kannst du die Türme und Dächer mit Masking Tape, Bändern und Pompons verzieren.

4 Klebe die Styropor®-Halbkugeln unten in die Türme, damit deine Klebefläche größer wird und die Türme stabiler stehen. Klebe jetzt die erste Bahn zwischen die beiden höchsten Türme. Klebe die Türme fest und lass den Kleber gut trocknen. Stecke die nächste Bahn zwischen den zweiten und den nächst kleineren Turm. Zeichne dir auf die Platte auf, wo du diesen Turm festkleben musst und befestige ihn dann. Bestreiche die Öffnung, in der die Bahn aufliegt, mit etwas Klebstoff und befestige die Bahn. So fährst du fort, bis auch der ganz kleine Turm aufgeklebt ist. Lass die Kugeln rollen!

Tipp

Als Kugeln eignen sich Murmeln, ausreichend dicke Holzperlen oder Wattekugeln. Schau einfach nach, was du in deiner Spielzeugkiste findest.

Tierische
PAPPNASEN

1 Schneide aus dem Eierkarton pro Pappnase eine Spitze heraus und begradige die Kanten.

2 Je nach Tiernase grundierst du nun die Kartonspitze mit Acrylfarbe in Grau, Grün, Gelb oder Orange. Wenn die Farbe getrocknet ist, malst du Zähne, Nasenlöcher, rosa Bäckchen oder eine Schnauze auf.

3 Stich mit der Nadel seitlich zwei Löcher in den Karton. Die Gummikordel durch die Löcher fädeln und an beiden Seiten festknoten.

4 Zum Schluss schneidest du von einem Besen oder einer Spülbürste ein paar Borsten ab. Dann pikst du kleine Löcher in die Nase und klebst die Barthaare hinein.

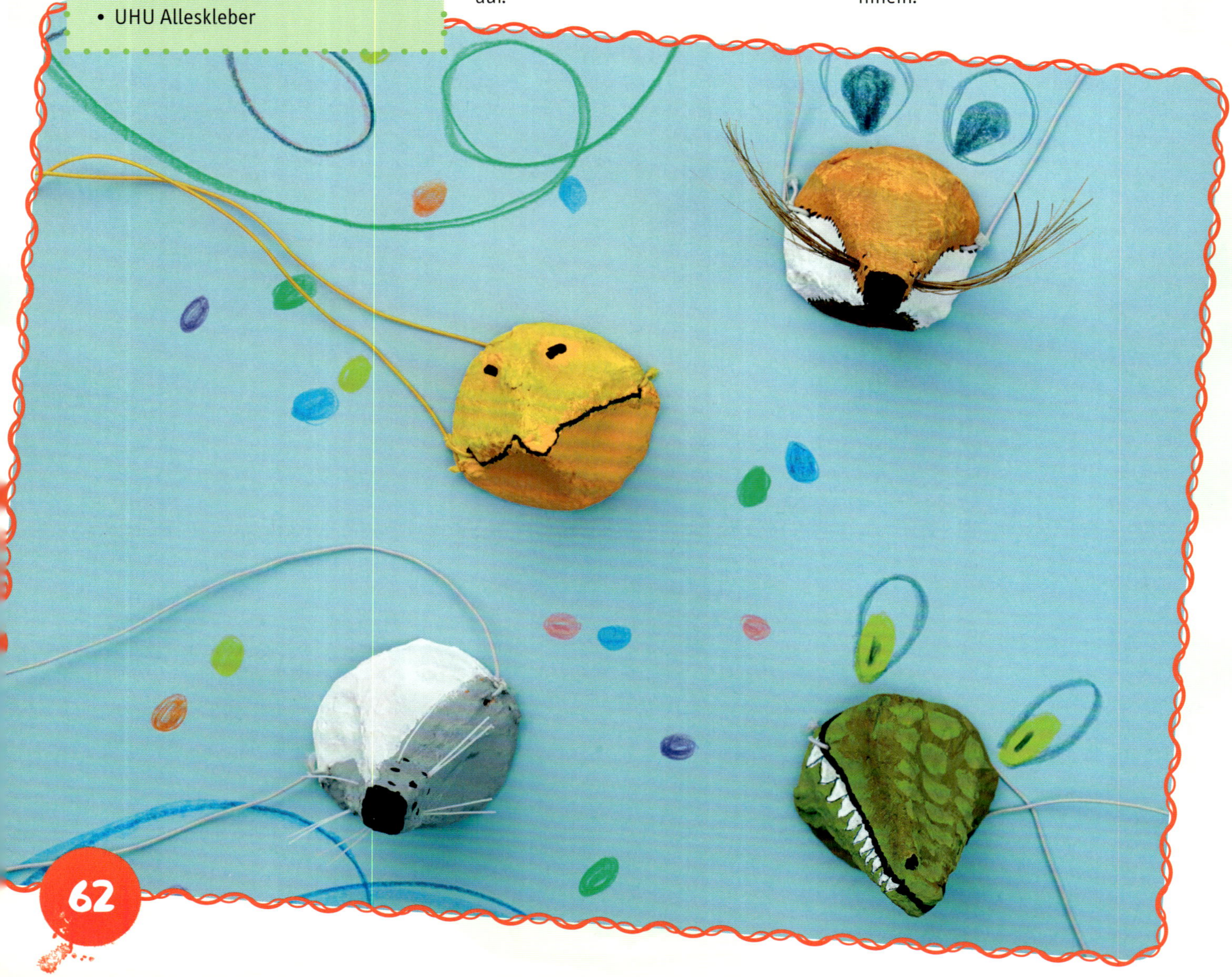

Klitzekleine GESCHENKCHEN

Das brauchst du

- 5 Klopapierrollen
- Packpapier in Naturfarben
- Fingerfarben oder Acrylfarben in verschiedenen Farben
- 6 Wackelaugen, ø 0,5 cm
- Pompon in Rot, ø 0,7 cm
- Filzstift in Schwarz
- UHU Alleskleber

1 Beklebe die Klopapierrollen mit Packpapier. Jetzt tauchst du deinen Finger in die Farbe und stempelst mit der Fingerspitze auf die Rollen. Für den Schneemann brauchst du z. B. drei kleine Fingerabdrücke übereinander, für die Käfer nur jeweils einen. Gestalte die Geschenkschachteln ganz wie es dir gefällt.

2 Wenn die Farbe trocken ist, kannst du die Geschenkverpackungen noch weiter verzieren. Klebe Wackelaugen oder Pompons auf oder bemale die Schachteln einfach mit Bunt- oder Filzstiften.

3 Um deine Verpackung zu verschließen, knickst du jeweils die beiden gegenüberliegenden Seiten eines Rollenendes übereinander nach innen. Vergiss aber nicht, dein Geschenk hineinzustecken!

Hübscher
BLUMENGRUSS

Das brauchst du

- Eiersteige mit viereckigen Zapfen
- 3 Schaschlikstäbchen, 18 cm lang
- 3 Wattekugeln, ø 1,5 cm
- Acrylfarbe in Orange, Pink, Gelb, Rot, Hellgrün, Weiß und Blau
- UHU Alleskleber

1 Zeichne dir auf der Eiersteige sechs Blumen mit Blütenblättern auf. Schneide die Blumen entlang der aufgezeichneten Linien aus. Male sie außen und innen bunt an und lass die Farbe trocknen.

2 Tupfe noch weiße Punkte auf deine Blüten auf und male auch die Wattekugeln bunt an. Lass die Farbe wieder trocknen.

3 Klebe je zwei bunte Blumen versetzt aufeinander. Stecke die Schaschlikstäbchen von unten durch die Blumen und klebe die Blumen an den Stäben fest. Die Wattekugeln klebst du an der Spitze des Schaschlikstäbchens fest.

Cooler
VAMPIR-SHOOTER

Das brauchst du

- Pappbecher in Schwarz
- Luftballon in Schwarz
- Fotokarton in Schwarz, A4
- Fotokarton in Weiß, 10 cm x 10 cm
- Bürohefter
- spitze Schere
- Bleistift
- Klebepunkte in Gelb, ø 20 mm
- Klebepunkte in Blau, ø 8 mm
- UHU Alleskleber

Vorlage Seite 145

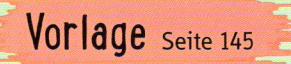

1 Zuerst stichst du in den Boden des Pappbechers mit einer spitzen Schere ein und schneidest dann den Boden heraus.

2 Schneide die Fledermausflügel der Vorlage nach aus schwarzem Fotokarton aus und hefte sie mit dem Bürohefter an die Becherrückseite.

3 Zeichne zwei spitze Vampirzähne auf weißen Fotokarton, schneide sie aus und klebe sie auf die Vorderseite des Bechers. Als Augen klebst du gelbe und blaue Klebepunkte auf.

4 Verknote den unaufgeblasenen Luftballon und schneide das obere Drittel ab. Stülpe das Ende mit dem Knoten über den unteren Pappbecherrand.

5 Jetzt musst du deinen Vampirshooter nur noch laden und du kannst nach Lust und Laune Pompons oder Marshmallows durch die Gegend schießen.

Galaktischer
MINI-GARTEN

Das brauchst du

- Kressesamen
- kleine Figuren aus der Spielzeugkiste
- 4 große Plastikschraubdeckel, ca. ø 10 cm
- Küchenpapier

1 Schnapp dir einen sauberen Schraubdeckel und lege ein feuchtes Küchenpapier hinein. Dann verteilst du die Samen darauf. Kresse- oder Senfsamen funktionieren am besten, weil sie schnell keimen und auf feuchtem Küchenpapier raketenmäßig wachsen. Dazu brauchen sie nicht einmal Erde!

2 Jetzt musst du deinen kleinen Garten nur noch regelmäßig gießen. Schon nach ein bis zwei Tagen keimen deine Samen und nach ca. fünf Tagen ist ein kleiner Dschungel für deine Minifiguren entstanden. Die Stängel der Kresse schmecken übrigens prima auf deinem Butterbrot, probier's aus!

Praktisches
HELFERLEIN

Das brauchst du

- 3 Klopapierrollen
- Bierdeckel
- Stoffreste in Bunt
- Acrylfarbe in Türkis
- bunter Papierdraht
- Alufolie, 20 cm x 20 cm
- 2 Wackelaugen, ø 1,2 cm
- UHU Alleskleber

1 Umwickle den Bierdeckel mit Alufolie. Kürze eine Klopapierrolle auf 4 cm, die anderen Rollen bleiben in Originalgröße.

2 Schneide dir die Stoffreste etwas größer als die Rollen zu und beklebe eine größere und eine kleinere Rolle damit. Schneide den überstehenden Stoffrand oben und unten in Zacken bis zur Klopapierrolle ein und klebe ihn innen in der Rolle fest. Die letzte Klopapierrolle malst du türkis an.

3 Klebe die Wackelaugen an den Roboter und male das Gesicht auf. Die Wangen malst du mit Buntstift auf. Auf den Bauch klebst du ein 4 cm x 3,5 cm großes Rechteck aus Alufolie. Schneide vier Stücke bunten Papierdraht von je 10 cm zurecht, wickle die Stücke um einen Stift und ziehe sie wieder ab. Dann klebst du den Papierdraht hinter dem Gesicht in die Klopapierrollen.

4 Zum Schluss klebst du die Rollen aneinander und befestigst sie auf dem Bierdeckel.

HANDARBEITEN

Basteln mit
TEXTILIEN

Stoff schneiden

Stoff lässt sich meist gut reißen. Soll dein Stoff jedoch eine bestimmte Form bekommen, verwende zum Schneiden eine spezielle Stoffschere. Mit einer Zickzackschere geschnitten, franst dein Stoff übrigens nicht so schnell aus.

Stoff kleben

Einige Modelle in diesem Buch kannst du auch kleben anstatt nähen. Hierfür kannst du Textilkleber verwenden.

Nähen

Heftstich

Stelle dir eine Linie vor. Auf dieser Linie stichst du aus und ein Stückchen weiter wieder ein. Wiederhole diesen Vorgang in gleichmäßigen Abständen.

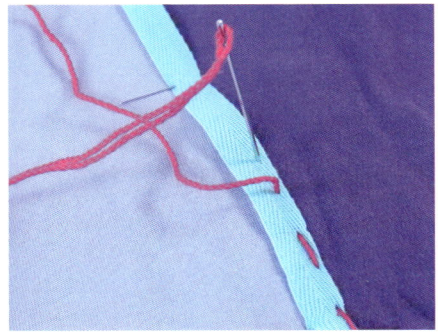

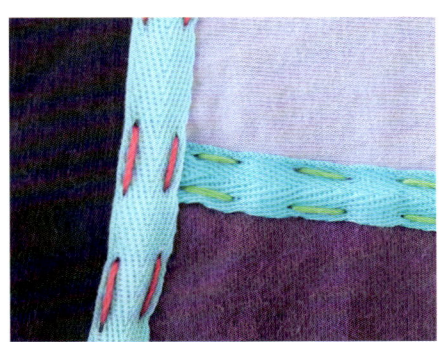

Saumstich

Stich mit deiner Nadel von unten nach oben durch, führe Nadel und Faden wieder nach unten und steche seitlich versetzt wieder nach oben durch.

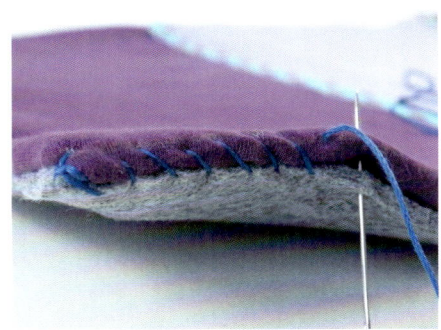

Zugstich/Faden einziehen

Stich die Nadel ein Stück vom Rand entfernt und in gerader Linie immer abwechselnd einmal ein und wieder heraus. Vergiss nicht, am Anfang ein Stück Faden stehen zu lassen. Bei dieser Stichart arbeitest du nur vorwärts. Deine Nadel sticht nicht noch einmal rückwärts ein.

Hast du das ganze Stück geschafft, nimmst du die Nadel vom Faden. Ziehe nun gleichzeitig am Anfang und am Ende des Fadens. Dadurch zieht sich der Stoff zusammen und verschließt wie ein Zugbund ein Loch oder einen Beutel. Verknote die Fäden fest miteinander und schneide sie anschließend ab.

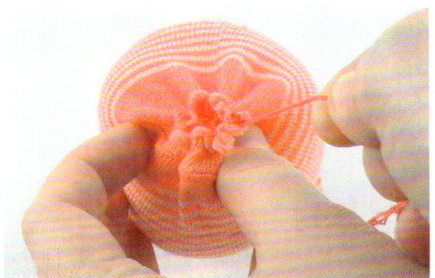

Steppstich

Der Steppstich ist ein langer gerader Stich, der gut geeignet ist, um Umrisse zu sticken. Stecke die Nadel das erste Mal von unten durch den Stoff und stich dann weiter entfernt wieder ein. Die Nadel ist jetzt unter deinem Stoff. Möchtest du den Stich in gerader Linie fortsetzen, musst du die Nadel ein Stück weiter weg nach oben führen und dann von oben wieder in das vorherige Einstichloch stecken. Für eine lange gerade Linie wiederholst du diesen Vorgang in gleichmäßigen Abständen immer wieder. Je enger du deine Abstände setzt, desto fester wird die Naht.

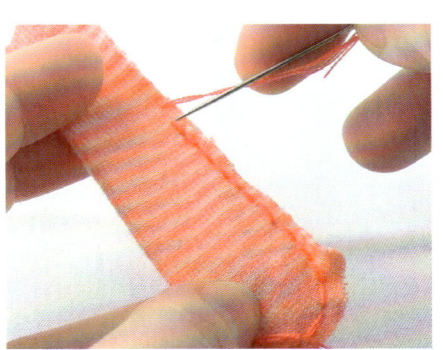

Pompons wickeln mit Pappschablonen

Mithilfe der Vorlagen auf Seite 157 zwei identische Pappschablonen anfertigen. Die Schablonen aufeinanderlegen und mit Wolle umwickeln. Dazu am besten einen langen Wollfaden in eine dicke Stopfnadel fädeln und wie abgebildet in festen Schlingen um die Pappringe winden. Wenn das Loch in der Mitte der Pappschablonen ausgefüllt ist, die Wolle ringsum mit der Schere aufschneiden und zwischen den Pappringen mit einem Wollfaden abbinden. Die Pappschablonen einreißen und entfernen, dann den Pompon nach Belieben in Form schneiden.

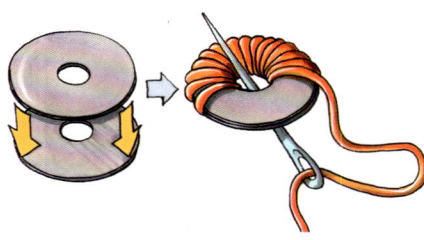

Pompons wickeln mit dem Bleistift

Einen ca. 30 cm langen, reißfesten Wollfaden an einem Bleistift rechts und links leicht mit Klebefilmstreifen fixieren. Dann die Wolle um den Bleistift zu einem dicken Knäuel wickeln. Wenn das Knäuel die gewünschte Größe hat, die Klebefilmstreifen entfernen und die Wolle samt Wollfaden vom Bleistift abstreifen und mit dem Wollfaden abbinden. Die Fäden an der gegenüberliegenden Seite aufschneiden und wie gewünscht mit der Schere in Form bringen.

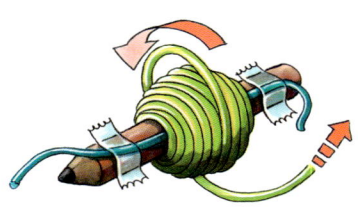

Stricken mit dem Strickring

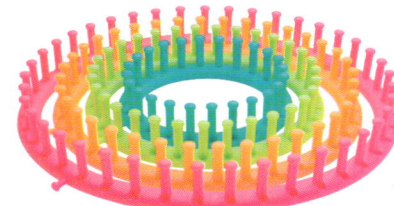

1 Das Garn zwischen dem ersten und zweiten Stift nach innen führen und in der ersten Runde schlaufenartig um alle Stifte legen. In der zweiten Runde den Vorgang wiederholen, bis alle Stifte zweifach umwickelt sind.

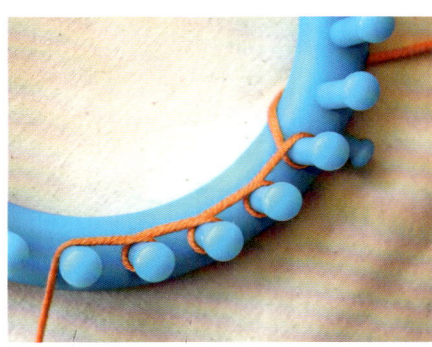

2 Zum Abstricken mit dem Strickhaken die untere Masche aufgreifen und über den Stift heben. Den Vorgang so oft wiederholen, bis sich auf allen Stiften nur noch eine Masche befindet. Ab jetzt immer abwechselnd eine Runde wickeln und eine Runde abstricken.

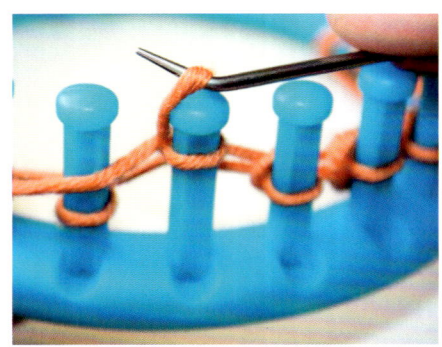

3 Zwischendurch die Maschen immer wieder auf dem Strickring nach unten schieben, damit für das Wickeln genügend Platz auf den Stiften ist.

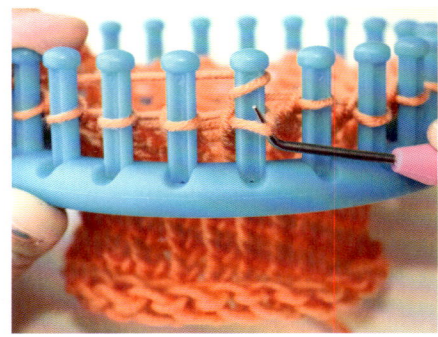

4 Zum Abnähen der Maschen das Garn bei einer Länge von 50 cm abschneiden und durch die Nähnadel führen. Die Maschen nacheinander einzeln abnähen und über den Stift ziehen.

Stricklieseln

1 Fädle zuerst den Wollfaden von oben nach unten durch das Loch in der Strickliesel. Dafür kannst du das Fadenende an eine Häkelnadel anknoten und diese durch die Strickliesel gleiten lassen. Halte den Faden unten gut fest wenn du nun die nächsten Schritte machst und lass den Faden unten 20 cm herausschauen.

2 Nun den Faden um eine der Ösen schlingen. Dann den Faden zur nächsten Öse führen und um diese Öse herumschlingen.

3 Das gleiche mit der dritten Öse machen: Faden herumschlingen und zur nächsten Öse führen.

4 Jetzt die letzte Öse umschlingen. Wenn nun alle Ösen umwickelt sind, fängt das „Stricken" an.

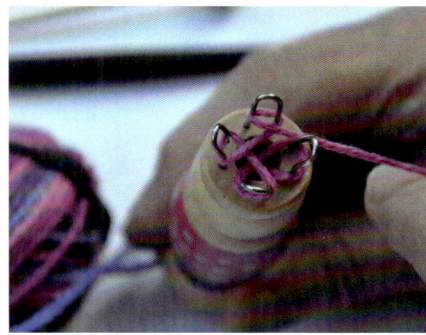

5 So lieselst du: Den Wollfaden wieder vorn an der ersten Öse vorbeiführen. Die neue Schlinge liegt dabei über der ersten. Nun mit dem Holzstäbchen oder einer Häkelnadel die untere Schlinge aufnehmen und etwas herausziehen. Dabei den Faden schön straff halten. Die untere Schlinge nun über die obere ziehen und hinter der Öse ablegen.

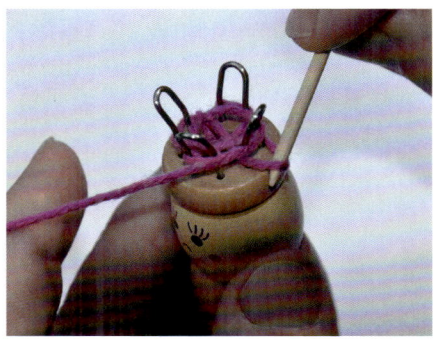

6 Die Strickliesel zur nächsten Öse drehen, sodass der Faden nun über der Schlinge auf der nächsten Öse zum Liegen kommt. So arbeitest du im Uhrzeigersinn immer weiter rundherum bis deine Schnur lang genug ist. Dabei immer wieder den Faden, der unten aus der Liesel herausschaut, festziehen.

7 Wenn dein Schlauch lang genug ist, schneidest du den Faden so ab, dass er noch 20 cm lang ist. Dann hebst du die Schlingen von den Ösen mit einer Häkelnadel ab. Das Fadenende fädelst du nun in eine Stopfnadel und stichst mit der Nadel durch alle vier Schlaufen. Dann ziehst du den Faden durch die Schlingen. Nun ziehst du fest an dem Faden, sodass sich die Schlingen zusammenziehen. Ziehe den Schlauch unten aus der Strickliesel heraus.

Draht

Du kannst Draht oder Chenilledraht in die Schnur führen. Biegst du jetzt den Lieselschlauch, dann bleibt er auch so. Du schneidest den Draht immer 1 cm an jedem Ende länger ab als die Schnur ist. Die Enden biegst du dann um und steckst sie durch den Schlauch. So kann er nicht aus dem Schlauch rutschen und ist verankert.

Prinzessinnen-
KRÖNCHEN

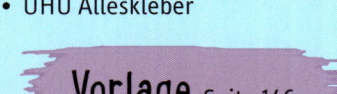
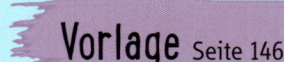
1 Schneide dir ein Stück Filz zurecht und beklebe die Klopapierrolle damit. Steht noch etwas Filz über, schneidest du ihn sorgfältig ab.

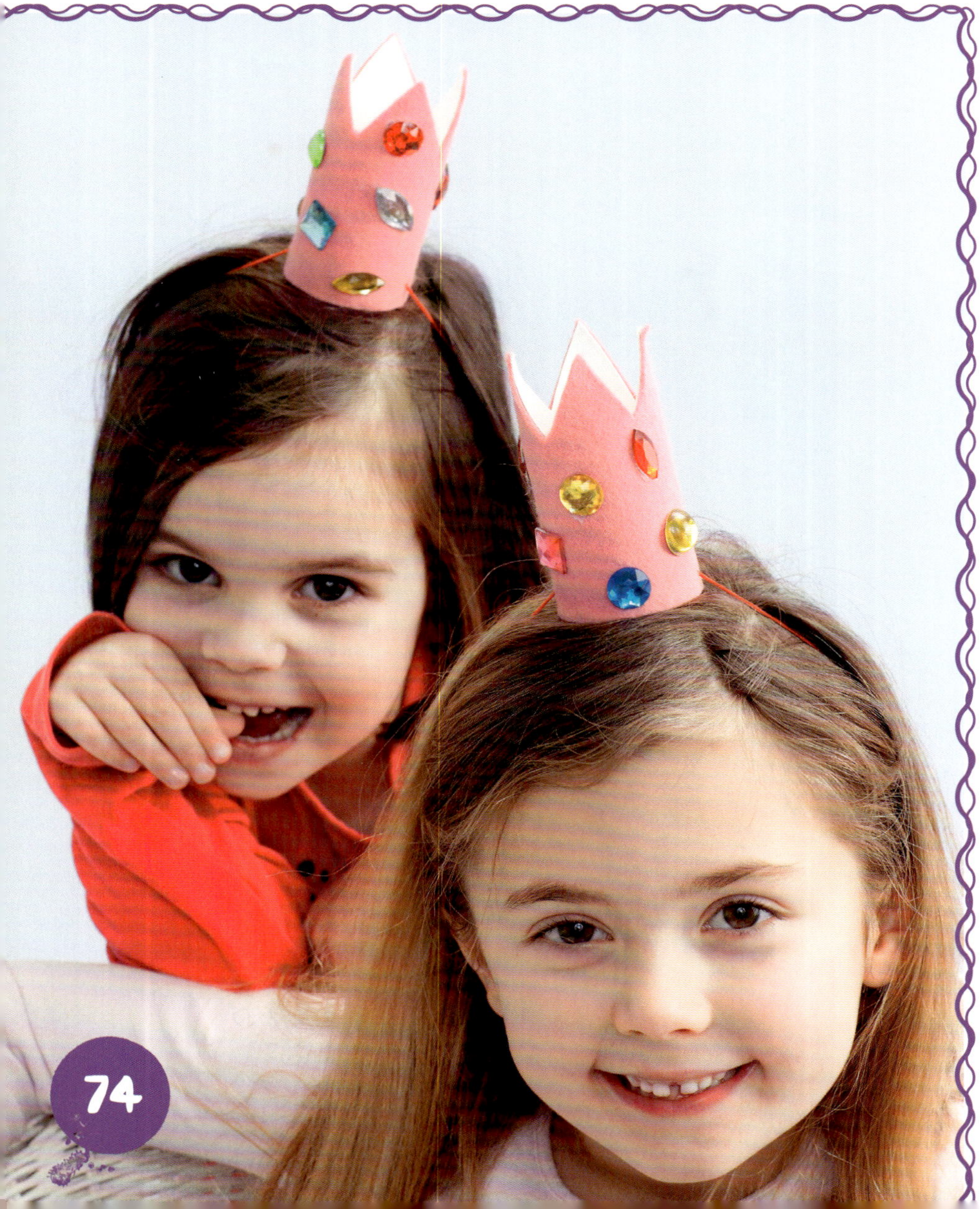

2 Übertrage die Vorlage auf ein Stück Fotokarton und schneide sie aus. Nun kannst du diese Schablone um die Klopapierrolle legen und die Zacken mit einem Bleistift auf die Rolle übertragen. Dann schneidest du die Zacken vorsichtig ein.

3 Jetzt kannst du deine Krone nach Lust und Laune mit bunten Strasssteinchen verzieren.

4 Bitte einen Erwachsenen, dir mit einer Schere zwei kleine Löcher in die Krone zu stechen. Die Löcher sollten am unteren Rand der Krone gegenüberliegend eingestochen werden. Ziehe ein Stück Gummiband durch die kleinen Löcher und verknote das Band an der Innenseite der Klorollen. Krone aufsetzen, und du bist Prinzessin!

Geschenkanhänger für
GLÜCKSGESCHENKE

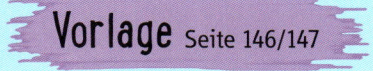

1 Schneide den Stoff und das Papier gemäß der Vorlage in der gewünschten Farbe zu. Den Stoff bügeln, dann das Vliesofix® mit der Klebeseite auf die Rückseite des Stoffes legen. Die Bügelfolie darf nicht über den Rand des Stoffes hinausragen. Das Vliesofix® fest aufbügeln und die Schutzfolie abziehen.

2 Die mit Klebstoff versehene Stoffrückseite auf die Rückseite des Scrapbookingpapiers legen. Mit Backpapier abdecken und mit Druck bügeln, sodass der Stoff und das Papier verbunden werden. Abkühlen lassen und evtl. glatt pressen.

3 Prüfe, ob alles gut miteinander verbunden ist. Evtl. kannst du mit einem Klebestift nachbessern. Das Motiv auf die Papierseite übertragen. Den Geschenkanhänger ausschneiden. Das Auge und die Öse mit dem Bürolocher stanzen. Zum Schluss das Schleifenband durch die Öse fädeln. So werden deine Geschenke unverwechselbar.

Freche
KUSCHELMONSTER

1 Falte das Filzstück in der Mitte und stecke die beiden Lagen mit vier Stecknadeln zusammen. Übertrage die Vorlage für dein Monster mit einem Filzstift auf den Filz und schneide es aus. Die Stecknadeln dabei im Filz stecken lassen.

2 Die beiden Filzteile auseinandernehmen und mit gelbem Garn ein Kreuz als Auge aufsticken. Danach legst du die beiden Filzteile wieder aufeinander und steckst sie erneut fest.

3 Schneide Augen und Zähne aus dem weißen und schwarzen Filz aus und klebe sie auf. Male den Mund mit dem Stoffmalstift auf.

4 Fädle das Garn in die Nadel und mache einen Knoten in ein Fadenende. Beginne rechts unten in der Ecke und nähe dicht am Rand entlang bis zur linken unteren Ecke. Der untere Rand des Monsters bleibt erst einmal offen. Fülle das Monster gleichmäßig mit Watte aus und nähe anschließend den unteren Rand deines Monsters zu.

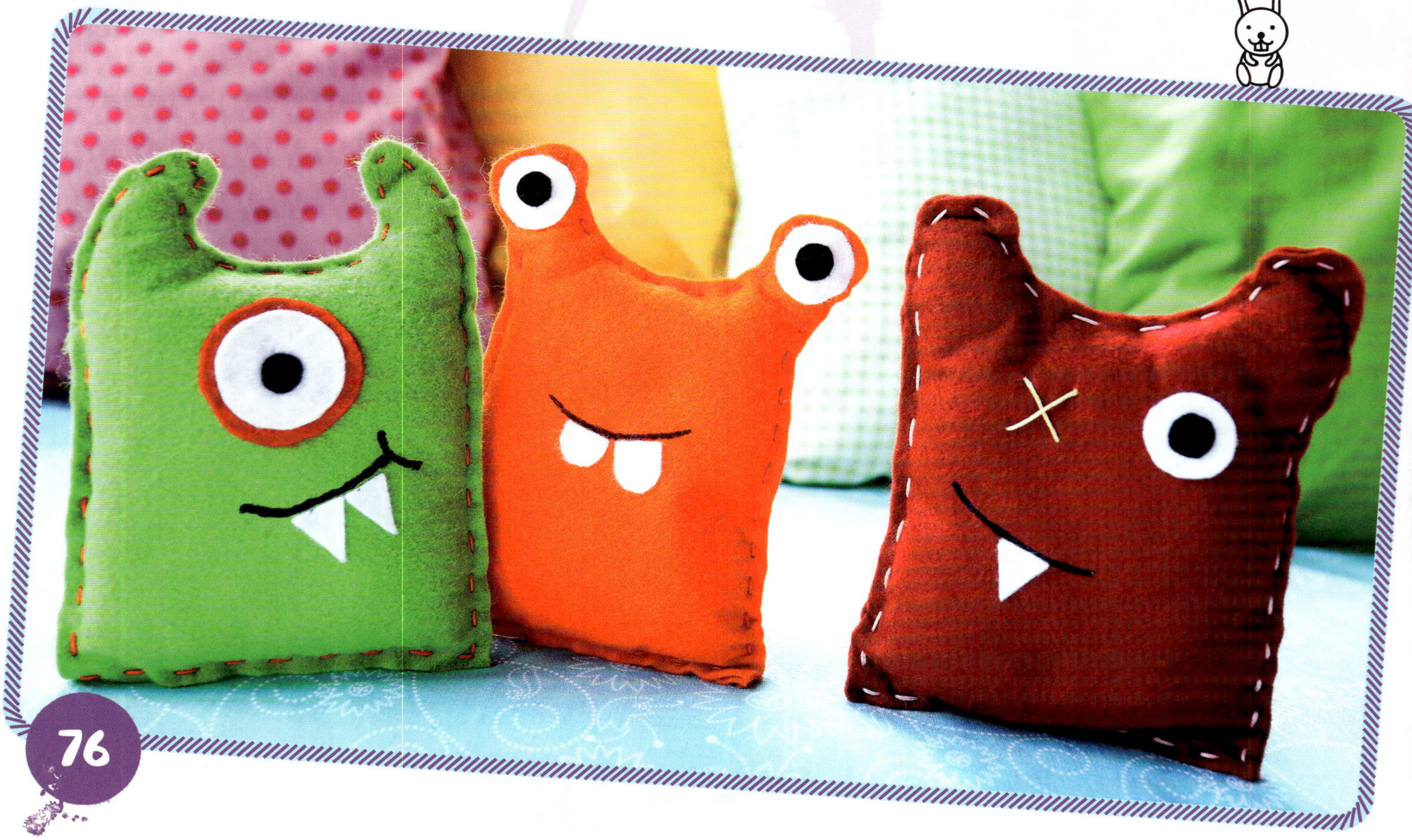

Besuch bei Familie
SCHILDKRÖT

Das brauchst du

Kleine Schildkröte

- halbe Chenilledrähte in Neongrün, Rosa, Lila und Hellblau oder Weinrot, Neongrün, Gelb und Orange oder Orange, Dunkelblau, Lila und Hellblau
- 2 Perlen in Schwarz, ø 4 mm
- Rundholzstab, ø 2,2 cm
- UHU Alleskleber

Große Schildkröte

- Chenilledrähte, 2x in Hellblau, 1x in Rot, Rosa und Weinrot oder 2x in Gelb, 1x in Dunkelgrün, Mittelgrün und Hellgrün oder 2x in Rot, 1x in Schwarz, Weiß und Hellgrau
- 2 Halbperlen in Schwarz, ø 6 mm
- Rundholzstab, ø 2,5 cm
- UHU Alleskleber

Vorlage Seite 149

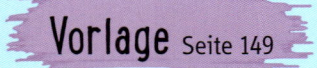

Kleine Schildkröte

1 Für den Panzer verflichst du drei Drähte miteinander und wickelst sie fest um den Rundholzstab. Dann drückst du die Windungen dicht zusammen und streifst sie ab. Biege den Panzer in Form und fixiere ihn mit Klebstoff.

2 Den übrigen Draht in der Mitte knicken und mit sich selbst verdrehen. Mithilfe der Vorlage daraus das Unterteil biegen. Zum Schluss klebst du noch den Panzer auf und bringst die Holzperlen als Augen an.

Große Schildkröte

1 Die große Schildkröte wie die kleine Schildkröte anfertigen. Achte allerdings darauf, für das Unterteil zuerst zwei ganze Drähte miteinander zu verdrehen und diese dann mithilfe der Vorlage zu biegen.

Kleine
WALDABENTEURER

Das brauchst du

- Bastelfilzreste in Orange, Türkis, Rot, Gelb, Grau, Schwarz und Weiß
- UHU Alleskleber
- Filzstift in Schwarz

Vorlage Seite 150

1 Übertrage die Figuren jeweils zweimal von der Vorlage auf den farblich passenden Filz. Dann auch die anderen Teile gemäß der Vorlage übertragen und alle Teile ausschneiden.

2 Streiche jeweils den Rand einer Figur mit Klebstoff ein und drücke das passende Gegenstück darauf auf. Vorsicht! An den unteren Rand der Figuren kommt kein Klebstoff, das wird nämlich die Öffnung für deine Finger.

3 Als Nächstes klebst du die Gesichter von Eule, Waschbär und Fuchs auf. Zum Schluss die Masken.

4 Mit einem schwarzen Filzstift malst du Punkte in die Augenlöcher der Masken und bei Waschbär und Fuchs in die Schnauzen. Die Eule bekommt kleine Halbkreise auf den Bauch, so werden die Federn angedeutet.

Herzchen zum
MUTTERTAG

Das brauchst du

- 5 g Wollreste in Rot, Rosa, Lila und Orange
- 5 Schaschlikstäbchen, 30 cm lang
- Blumendraht geglüht, ø 0,65 mm, 4x 32 cm lang
- Acrylfarbe in Weiß
- Pinsel
- UHU Alleskleber

Vorlage Seite 151

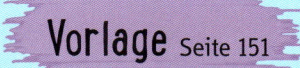

1 Male zuerst die Schaschlikstäbe mit weißer Acrylfarbe an und lass sie gut trocknen.

2 Pro Herz benötigst du einen 29 cm langen Strickschlauch. Schneide ein Stück Draht auf 32 cm Länge zu und führe ihn durch den Schlauch. An den Enden verdrehst du die beiden Drahtstücke miteinander. Dann nähst du den Schlauch so zusammen, dass man den Draht nicht mehr sieht. Drahtstücke, die aus dem Schlauch herausschauen, kannst du einfach abschneiden.

3 Nun hast du einen Kreis. Forme diesen mithilfe der Vorlage zu einem Herzchen.

4 Den Schaschlikspieß in die Herzspitze stecken und dort mit Klebstoff fixieren. Falls du die Stelle, an der das Herz an den Stab geklebt wird, nicht so ordentlich hinbekommst, kannst du ein kleines Schild aus Fotokarton darüber kleben. Schreibe einen lieben Spruch oder einfach „Für Mama" darauf.

Komm mit
KUSCHELN!

Das brauchst du

- Socken, Gr. 29–30
- Chenilledraht in Rosa
- Sternknopf in Rot
- Knöpfe, rund, in unterschiedlicher Größe in Rosa und Blau
- Garn in passender Farbe
- Füllwatte
- Stoffschere
- waschfester Filzstift in Schwarz
- ggf. Stickgarn in Schwarz

Babys

1 Zieh die Socke auf links und schneide vorn den Bereich für die Zehen ab.

2 Umrunde den Schnittrand mit einem Zugstich (siehe dazu Seite 71) und verschließe die Socke. Ziehe die Socke auf rechts.

3 Fülle die Socke mit Watte. Für den Babykopf stopfst du in die Ferse mehr Watte, so wird der Kopf rund.

4 Binde die Socke über und unter dem Kopf mit einem Faden ab und verknote die Enden.

5 Für den Schnuller nähst du einen großen Knopf und darüber einen Miniknopf an. Augen und Nase malst du mit Filzstift auf.

Katze

1 Die Katze besteht aus zwei Socken: einen für den Körper und einen für den Schwanz. Zieh die Socken auf links.

2 Schneide an einer Socke den Schaft in einer Rundung und den Zehenbereich gerade ab.

3 Nähe die Rundung über der Ferse mit Steppstichen zu (siehe Seite 71) und ziehe den Faden am Zehenende ein (siehe Baby, Schritt 2).

4 Ziehe die Socke auf rechts und stopfe sie mit Watte aus. Beachte dabei die Spitzen für die Katzenohren, damit sie schön nach oben stehen.

5 Ziehe an den Fadenenden, sodass sich die Socke schließt. Verknote die Fäden und schneide sie ab. Drücke den zusammengezogenen Stoff mit einem Schaschlikspieß nach innen.

6 Schneide aus der zweiten Socke den Schwanz zu. Nähe die offenen Seiten mit Steppstichen zu. Lass unten die Öffnung frei.

7 Drehe den Stoff um, fülle Watte in den Schwanz und nähe mit dem Fadenrest den Schwanz an. Knete die Katze in Form und gib ihr noch ein Gesicht.

Schweinchen

1 Das Schwein arbeitest du genauso wie den Katzenkörper, lässt die Ohrenspitzen aber leer.

2 Klappe die Spitzen nach unten und nähe sie an. Die Nadel bewegst du dabei nur zwischen der unteren Stoffschicht der Ohren und dem Kopf hin und her.

3 Wickle Chenilledraht über einem Bleistift zur Spirale und klebe ihn am Verschluss der Socke als Schwanz an.

4 Nase annähen, Augen aufmalen, fertig!

Haarspangen-
DAME

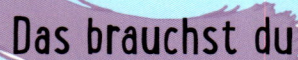

Das brauchst du

- Laternendeckel und -boden
- Wolle in Rosa
- Acrylfarbe in Hellrosa, Rosa, Pink, Schwarz und Weiß
- Pinsel
- Webband in Rosa gepunktet
- Plakatöse, ø 40 mm
- UHU Alleskleber

1 Den Laternenboden malst du zunächst Hellrosa an, den Rand der Schachtel Pink. Sobald die Farbe getrocknet ist, malst du das Gesicht auf.

2 Schneide aus der rosafarbenen Wolle 1,40 m lange Fäden zurecht. Du brauchst mindestens 15 Stück. Knote sie oben zusammen und fange an zu flechten. Am Zopfende machst du wieder einen Knoten. Dann bindest du mit dem Webband eine hübsche Schleife um beide Knoten.

3 Knote in die Mitte deines langen Zopfes noch ein paar kurze Wollfäden an, sodass ein Pony entsteht. Nun kannst du den Zopf um den Laternenboden kleben. Ganz zum Schluss klebst du noch eine Plakatöse auf die Rückseite, damit du deinen Haarspangenhalter aufhängen kannst.

Die Affen rasen
DURCH DEN WALD

Das brauchst du

- Wolle in Dunkelbraun
- Fertigpompon in Rot, ø 1 cm
- Chenilledraht in Braun, 2x 25 cm und 1x 12 cm lang, und in Gelb, 40 cm lang
- Bastelfilzrest in Hautfarbe
- Tonpapierrest in Weiß
- wasserfester Filzstift in Schwarz
- Buntstift in Rot
- UHU Alleskleber

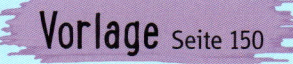

Vorlage Seite 150

1 Für den Kopf und den Körper brauchst du zwei Pompons. Der Kopf hat einen Durchmesser von 4 cm, der Körper von 5 cm. Die Pompons etwas mit der Schere in Form schneiden und mit den Abbindefäden fest zusammenknoten.

2 Schneide die Augen aus Tonpapier und die Ohren und die Mundpartie aus Filz zurecht. Die Pupillen und den Mund aufmalen, dann die Augen und die Mundpartie auf den Kopf kleben. Die Ohren kannst du etwas mit Buntstift röten und dann ebenfalls aufkleben. Besonders lustig sieht der Affe aus, wenn du ihm zwei Wollfäden als Haare oben auf den Kopf klebst.

3 Für die Arme und Beine die Chenilledrahtstücke an den Körper kleben und etwas in Form biegen. Die Enden noch etwas umbiegen – und schon hat der Affe Hände und Füße.

4 Wenn du möchtest, kannst du aus gelbem Chenilledraht eine Banane für dein Äffchen biegen. Mache dazu zuerst einen 5 cm langen Bogen in den Draht und dann nochmals drei 4 cm lange Bögen für die Schale. Die Biegeskizze auf der Vorlagenseite hilft dir dabei. Verteile die kürzeren Bögen gleichmäßig um den langen und wickle den restlichen Draht unten um die Banane, damit die Bögen zusammenhalten.

Karten für alle
GELEGENHEITEN

Das brauchst du

- Klappkarte in Weiß und Grün
- Fotokartonrest in Weiß und Orange
- Wolle in Pink, Gelb und Orange und in Hellblau, Mint und Grün, je etwa 1,5 m lang
- Wackelaugen, ø 3 cm
- Buntstifte
- Masking Tape in Rosa-Weiß gepunktet und in Hellgrün
- UHU Alleskleber

Vorlage Seite 150

1 Schneide aus dem weißen Karton einen Kreis aus und bestreiche ihn mit Klebstoff. Dann kannst du die Wollfäden aufkleben. Rolle dazu das Fadenende schon mal zwischen deinen Fingern ein bisschen auf und klebe diese Schnecke mittig auf. Ist ein Wollfaden zu Ende, kannst du die nächste Farbe direkt daneben ankleben und weiterwickeln.

2 Klebe den Wollkreis auf die Klappkarte. Male mit Buntstiften Flügel, Ohren und Füße dazu.

3 Klebe Wackelaugen und einen Schnabel aus Fotokarton auf die Eule. Zum Schluss ergänzt du noch einen Streifen Masking Tape.

Alles Guuhuute !

Viel Spaß in der

SCHUUHUULE !

 Susi

SCHNECKENTEMPO

Das brauchst du

- Wolle in Rosa
- Wollreste in verschiedenen Farben
- Perlgarnrest in Schwarz
- Pompon in Rot, ø 2,5 cm
- Pfeifenputzer in Lila, ca. 25 cm lang
- 2 Wackelaugen, ø 1,2 cm
- Füllwatte
- Filzblume in Rosa, ø 4 cm
- Sperrholz, 5 mm stark, 15,5 cm x 14 cm
- Acrylfarbe in Grün
- Pinsel
- Heißkleber
- Strickring, ø 9 cm (24 Stifte)

1 Stricke mit dem Strickring mit doppelter rosafarbener Wolle einen 28 cm langen Schlauch (siehe Seite 72). Nähe alle Maschen ab, ziehe sie zusammen und vernähe den Faden. Dann den Körper mit Füllwatte ausstopfen und einen Faden in den unteren Rand einziehen. Den Faden zusammenziehen, damit die Stopföffnung schließen und den Faden vernähen.

2 Für das Schneckenhaus nimmst du mit einer beliebigen Farbe die Maschen mit doppeltem Faden auf den Strickring auf und strickst 35 cm. Dabei jeweils nach ein paar Runden die Farbe wechseln. Nähe die Maschen ab, ziehe sie zusammen und vernähe den Faden. Achte darauf, das Schneckenhaus nicht zu fest

mit Füllwatte zu stopfen. Nähe entlang der unteren, offenen Kante das Schneckenhaus mittig auf den Körper. Das Schneckenhaus eindrehen und mit ein paar Stichen von Hand fixieren.

3 Klebe die Nase und die Augen auf. Mit doppeltem Perlgarn den Mund mit Steppstichen laut Abbildung aufsticken. Den Pfeifenputzer vorsichtig 3 cm durch den Kopf schieben und die beiden Enden zu Spiralen biegen.

4 Bemale das Sperrholz mit der Acrylfarbe und klebe nach dem vollständigen Trocknen die Schnecke und die Filzblume darauf.

Knallbunte
KAFFEETAFEL

1 Übertrage zuerst die Vorlagen für Keks und Donut auf den Filz. Schneide alle Teile doppelt aus, lege die jeweils gleichen Stücke aufeinander. Mit Stecknadeln feststecken und ringsherum zunähen. Lass an einer Stelle eine ca. 3 cm breite Öffnung.

2 Nimm kleine Stücke Füllwatte und stopfe sie durch die Öffnung in den Keks und den Donut. Dann nähst du auch dieses Loch zu. Deinen Zucker- oder Schokoguss schneidest du ebenfalls aus Filz aus und klebst ihn einfach auf deine Köstlichkeiten auf.

3 Mit einer Lochzange kannst du Konfetti aus Filzresten ausstanzen und sie dann als Zuckerstreusel oben auf deinen Keks oder Donut aufkleben.

4 Für den Muffin beklebst du zuerst eine kleine Plastikdose mit rosafarbenem Filz. Dann schneidest du aus gelbem Filz einen Kreis zurecht, klebst ihn bis auf eine 3 cm große Öffnung luftig auf deine Dose und füllst ihn durch das Loch ebenfalls mit Füllwatte.

5 Das Füllloch klebst du einfach zu und verzierst den Muffin mit einer Lage braunem Filz, einem weißen Filz-Sahnehäubchen und zum Schluss mit einem roten Pompon. Sieht das nicht zum Anbeißen aus?

Märchenhafte
EINHÖRNER

Das brauchst du

- 15 g Wollreste in Mintgrün, Rosé oder Flieder
- Blumendraht geglüht, ø 0,65 mm, 40 cm lang
- Filzrest in Mintgrün, Rosé oder Flieder
- Chenilledraht in Silber, 3 cm lang
- Transparentpapier
- Halbperle in Schwarz, ø 6 mm
- ggf. 10 Halbperlen in Mintgrün, Rosé oder Flieder, ø 2 mm–10 mm
- UHU textil
- Nähnadel
- Häkelnadel, Stärke 2,5

Vorlage Seite 152

1 Liesle zuerst einen 37 cm langen und einen 22 cm langen Schlauch, wie auf Seite 73 erklärt.

2 Nun schiebst du den Basteldraht durch den 37 cm langen Schlauch. Die Enden des Drahtes kannst du mit einer Zange zu einer Schlaufe umbiegen, damit sie nicht durch den Strickschlauch stechen.

3 Mit dem überstehenden Fadenende das Ende des Strickschlauchs zusammennähen.

4 Lege den Strickschlauch mit dem Drahtkern auf die Vorlagenzeichnung und biege ihn in Form. Abschließend die beiden Enden des Strickschlauchs zusammennähen.

5 Den zweiten Strickschlauch legst du nun in den Körper und fixierst ihn nach und nach mit Klebstoff. Fange in der Mitte an. Die Beine werden ausgespart.

6 Schneide dir fünf Wollfäden auf 6 cm Länge zu und fädle diese mithilfe der Häkelnadel als Mähne durch den Pferdekörper. Die Wollenden knotest du jeweils zusammen. Abschließend kürzt du die Mähne auf 1 cm.

7 Den Schweif fertigst du genauso, kürzt ihn allerdings nicht.

8 Das Ohr mithilfe von Transparentpapier auf Filz übertragen, ausschneiden und aufkleben.

9 Das Horn aus Chenilledraht ein Stück weit in den Strickschlauch stecken und festkleben. Das Auge ebenfalls aufkleben, es besteht aus der schwarzen Halbperle. Wenn du möchtest, kannst du den Körper des Einhorns mit farblich passenden Halbperlen oder Strasssteinen bekleben.

Kleine
GLÜCKSBOTEN

Schweinchen

1 Für einen Schweinchenkopf benötigst du einen 63 cm langen rosa Strickschlauch. Vernähe die Enden und drehe die Schnur zu einer Spirale. Fixiere dabei nach und nach den Schlauch mit Klebstoffpunkten.

2 Die Ohren und die Schnauze paust du gemäß der Vorlage ab und überträgst sie auf rosa- und altrosafarbenen Filz. Für die beiden Nasenlöcher stanzt du einfach zwei pinke Filzpunkte mit dem Locher aus.

3 Klebe die Punkte auf die Schnauze und diese auf den Strickschlauchkreis. Über der Schnauze fixierst du nun die beiden Augen. Dann setzt du links und rechts ein Filzohr auf den Kopf und ergänzt von hinten den Magnet.

Kleeblatt

1 Fertige für das Kleeblatt einen grünen Strickschlauch von 60 cm an. Der Stiel wird extra angeklebt.

2 In den Strickschlauch einen 62 cm langen Draht fädeln. Biege die Drahtenden zu einer Schlaufe um, sodass sie nicht aus dem Schlauch rutschen.

3 Lege den längeren Strickschlauch auf die Vorlagenzeichnung. Beginne in der Mitte und forme zuerst ein Herz. Knicke es am Ende spitz ab und forme sofort das zweite Herz daran. So fährst du fort, bis alle vier Herzen fertig sind. In der Mitte nähst du die Herzen mit einem grünen Wollfaden zusammen.

4 Liesle für den Kleeblattstiel einen 13 cm langen grünen Strickschlauch und vernähe die Enden. Stecke einen 15 cm langen Draht in den Schlauch. Dann schiebst du den Stiel zwischen zwei Blätter und klebst ihn fest.

Rucksack-
VERSCHÖNERUNG

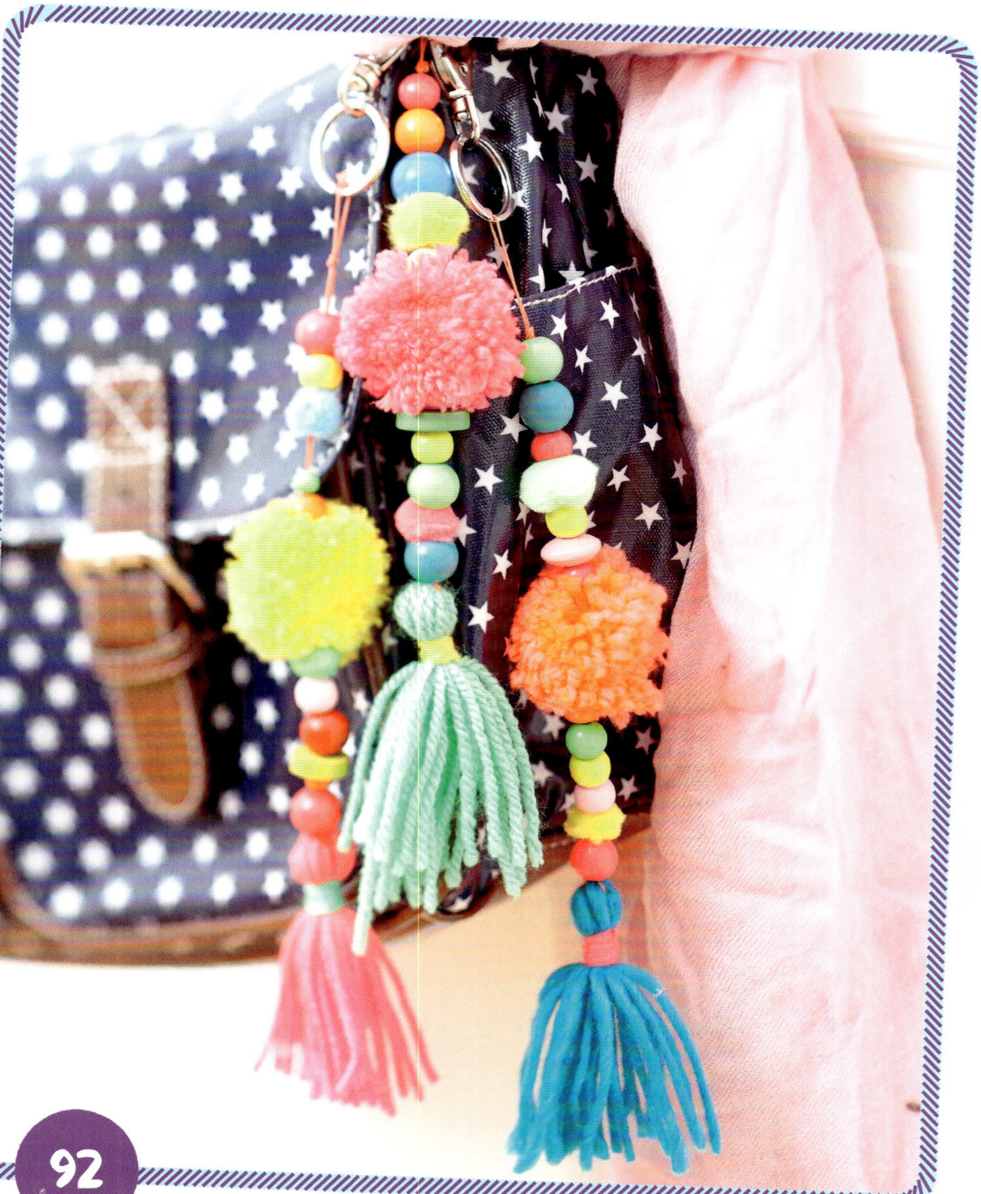

1 Wickle die Wolle so lange um die Gabel, bis ein kleines Knäuel entsteht. Dann einen ca. 30 cm langen Wollfaden durch die untere, mittlere Gabelzacke fädeln. Das andere Ende fädelst du durch die obere mittlere Gabelzacke.

2 Ziehe das Wollknäuel von der Gabel, den Sicherungsfaden fest zu und verknote ihn. Mit der Schere den Wollwulst ober- und unterhalb des Sicherungsfadens so durchschneiden, dass ein Pompon entsteht. Überstehende, unregelmäßige Fäden abschneiden.

3 Für die Troddeln schneidest du ca. 20 cm lange Wollfäden zurecht und legst sie über deinen Zeigefinger. Dann nimmst du einen Extrafaden (20 cm lang) und knotest ihn um die entstandene Schlaufe.

4 Jetzt fädelst du einen 60 cm langen Wollfaden durch eine dicke Sticknadel, legst ihn doppelt und verknotest ihn. 1 cm tiefer machst du wieder einen Knoten und fädelst dann Perlen, Pompon, Perlen, kleinen Pompon und dann die Troddel auf. Dann gehst du mit der Nadel den gleichen Weg zurück – wieder durch alle Perlen, Pompons usw., entfernst die Nadel und verknotest das Ende. Den Karabiner einhängen – fertig.

Schicke
STIFTBOXEN

Das brauchst du

- Konservendosen in verschiedenen Größen
- Stoffreste
- Web- und Satinbänder
- Filzreste
- Aufbügelmotive
- Zackenschere
- Schere
- UHU stic

1 Mit dem Klebestift bestreichst du die Dose und dann den Stoff rundherum fest an. Überstehende Enden kannst du entweder einschlagen oder abschneiden.

2 Schneide aus Filzresten mit einer Zackenschere Kreise als Untergrund für die Bügelmotive zurecht. Klebe sie mittig auf die Dose und die Bügelmotive dann darauf.

3 Jetzt geht's ans Verzieren: Klebe nach Herzenslust Filzstücke oder Aufbügelmotive auf. Dafür schneidest du die Bänder auf die passende Länge zurecht (vorher ausprobieren oder Dose abmessen) und klebst sie dann mit Klebestift auf. Wenn du keine Bügelmotive zur Hand hast, kannst du auch einfach Blüten oder Herzen aus Bastelfilz ausschneiden und aufkleben.

Gemütliches
STERNENKISSEN

1 Zuerst fertigst du dir aus Fotokarton eine Sternvorlage für dein Kissen an. Übertrage die Vorlage mit Bleistift auf den Karton und schneide sie aus.

2 Schneide aus einem Pappkarton ein 30 cm x 30 cm großes Quadrat aus und stecke es in die Kissenhülle. Lege den Stern mittig auf die Hülle. Auf einem Pappteller bereitest du die Stoffmalfarben vor.

3 Tauche das Radiergummiende des Bleistifts in die Farbe und stemple zunächst dicht um den Stern Punkte, danach weiter außen. Achte darauf, dass der Stern nicht verrutscht. 24 Stunden trocknen lassen!

4 Um die Farbe zu fixieren, ziehst du den Kissenbezug auf links und bügelst ihn ca. fünf Minuten lang (Baumwollstufe!). Hülle wieder auf rechts ziehen.

5 Für die Pompons je drei bunte, 40 cm lange Wollfäden um die Gabel wickeln bis ein kleines Knäuel entsteht. Dann einen 30 cm langen Wollfaden durch die untere, mittlere Gabelzacke fädeln. Das andere Ende durch die obere mittlere Gabelzacke fädeln. Wollknäuel von der Gabel ziehen, Sicherungsfaden fest zuziehen und verknoten. Mit der Schere die Wollschleifen ober- und unterhalb des Sicherungsfadens so durchschneiden, dass ein Pompon entsteht. Überstehende Fäden abschneiden. Achtung, den langen Wollfaden brauchst du noch.

6 Stecke den Wollfaden durch eine dicke Sticknadel und nähe je einen Pompon an den vier Kissenecken fest. Und dann heißt es: Loskuscheln!

Tipp

Probiere auch andere Motive für dein Kissen aus. Wie wäre es z.B. mit einer Blume, einem Herz oder einem Flamingo? Einfach Vorlage herstellen und losstempeln!

Flamingo-
BALLETT

1 Knicke einen Pfeifenputzer in der Mitte und verdrehe ihn an der Knickstelle zweimal, so entsteht der Schnabel. Für den Kopf rollst du eine kleine Schnecke. Die übrig gebliebenen Stränge verdrehst du (bis auf ca. 6 cm) miteinander.

2 Für den Bauch wickelst du einen weiteren Pfeifenputzer etwa 6 cm breit um einen Stift. Achte darauf, dass du den Draht in der Mitte etwas dicker wickelst. Dann streifst du den Bauch vom Stift und schiebst ihn über den in Schritt 1 geformten Körper.

3 Die Drahtenden, die du in Schritt 1 nicht verdreht hast, knickst du nun in der Mitte und biegst sie als Schwanzfedern etwas nach oben. Den Hals nach oben und den Schnabel nach unten biegen.

4 Für Beine und Füße teilst du den letzten Pfeifenputzer in zwei 6 cm lange Stücke und ein 22 cm langes Stück. Forme das lange Stück zu einem „U" und biege beide Drahtenden ca. 2,5 cm in die gleiche Richtung um, so entstehen die mittleren Zehen deines Flamingos. Knicke die beiden kurzen Pfeifenputzer in der Mitte und schlinge sie jeweils um die mittleren Zehen.

5 Schiebe das geformte „U" zwischen die Windungen der Bauchmitte und klebe den Draht fest. Für die Flügel klebst du zwei Federn an. Den Schnabel anmalen und die Wackelaugen anbringen.

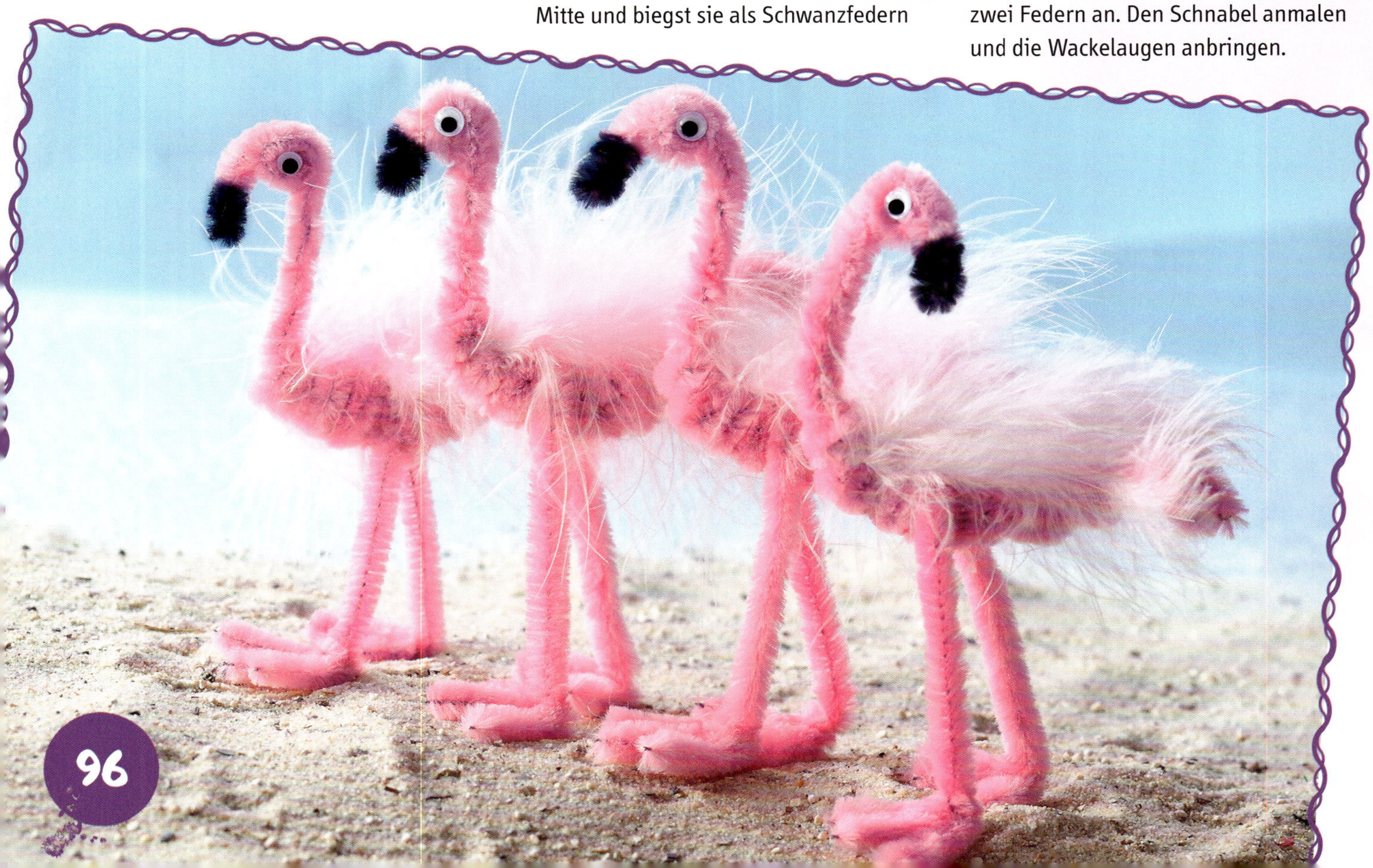

Putzige
POMPONVÖGEL

Das brauchst du

- Wollreste nach Wunsch
- Papier
- dickere Pappe (z. B. Rücken eines Zeichenblocks)
- Filzstifte

Vorlage Seite 153

1 Schneide einen ca. 50 cm langen Wollfaden zurecht und lege ihn zwischen Ring- und Mittelfinger. Anschließend wickelst du verschiedenfarbige Wollreste um die Hand. Schlinge den langen Faden um den Wollknäuel und verknote ihn fest. Den Faden auf die Rückseite des Knäuels legen, zusammenziehen und verknoten.

2 Jetzt schneidest du die Seiten des Wollknäuels auf und die Bommel rundherum auf eine Länge. Achte dabei darauf, den langen Faden nicht mit abzuschneiden!

3 Übertrage die Vogelvorlage auf die Pappe und schneide sie aus. Aus dem Vogelrücken ein Dreieck herausschneiden.

4 Zum Schluss kannst du den Vogel nach Lust und Laune bemalen. Anschließend steckst du die Bommel in die ausgeschnittene Lücke und legst den langen Faden als Aufhänger nach oben.

Zarte
ZAUBERFEEN

Das brauchst du

- Strickliesel und Nadel
- 15 g Wolle in Lila-Pink-Schwarz meliert
- Tonkarton in Hautfarbe, A4
- fester Kartonrest
- 24 Strasssteine in Kristallklar, ø 3 mm
- 12 Strasssteine in Flieder, ø 3 mm
- 3 Halbperlen in Pink, gefrostet, ø 6 mm
- Filzreste in Rosa, Lila, Pink und Gelb
- Filzstift in Pink und Schwarz
- UHU Alleskleber
- Buntstift in Rosa
- Anspitzer
- Wattestäbchen

Vorlage Seite 153

1 Pro Blütenfee lieselst du einen 32 cm langen Strickschlauch. Ein Ende vernähen, den Schlauch in der Mitte knicken, zu einer Kordel verdrehen und mit dem zweiten Faden die Enden miteinander vernähen.

2 Den Kopf, die Flügel und die Haare auf Transparentpapier abpausen, auf den Karton kleben und die Formen ausschneiden. Lege die Schablonen auf den passenden Filz und umfahre sie mit einem weichen Bleistift. Für die Haare nimmst du gelben Filz. Schneide dann die Flügel und Haare aus.

3 Die Schablone für den Kopf auf den hautfarbenen Fotokarton legen und dreimal umfahren. Alle Köpfe ausschneiden.

4 Mit wenig Klebstoff die Haare auf die Köpfe kleben und die Gesichter aufmalen. Die Wangen reibst du mit Anspitzerabrieb und einem Wattestäbchen auf: Dafür den Buntstift in Rosa anspitzen und das Wattestäbchen in dem Abrieb drehen. Dann auf die Wangen setzen und wieder drehen. Augen, Mund in Pink und Nase aufmalen.

5 Die Köpfe oben auf die Strickschläuche kleben. Dann den Flügel hinterkleben und jeweils mit zwölf Strasssteinen bekleben. Die Haare mit einer pinken Halbperle schmücken.

Flauschige
INSEKTEN

1 Um diese lustigen Krabbelkäfer deinen Blumentopf bevölkern zu lassen, klebst du zunächst drei gleichgroße, verschiedenfarbige Pompons aneinander. Du kannst die Käfer aus großen oder kleinen Pompons anfertigen – ganz nach deinem Geschmack.

2 Jetzt klebst du vorne auf den ersten Pompon zwei Wackelaugen nebeneinander. Auf die großen Pompons kommen die Augen mit 20 mm Durchmesser und auf die kleineren die mit 10 mm Durchmesser.

3 Schneide sechs 5 cm lange Chenilledrahtstücke zurecht und biege sie jeweils an einem Ende um. Das sind die Käferbeine, klebe sie unter den Körper.

4 Nun brauchst du ein 15 cm langes und ein 30 cm langes Stück Pfeifenputzer. Das 15 cm lange Stück knickst du in der Mitte – das sind die Fühler des Käfers. Klebe sie von hinten an den vorderen Pompon.

5 Verzwirble die Enden des 30 cm langen Stücks miteinander, sodass ein Kreis entsteht. Dann verdrehst du den Kreis in der Mitte und du hast eine Acht, das sind die Flügel deines Käfers. Klebe sie zwischen den mittleren und den hinteren Pompon.

6 Jetzt steckst du noch ein Schaschlikstäbchen durch den mittleren Pompon und schon kannst den fertigen Käfer in dein Beet stecken.

Tipp

Mit etwas Fantasie kannst du auch andere Tierchen in dein Beet stecken. Kombiniere die Farben nach deinem Geschmack und forme anstatt der Fühler und Flügel weitere lustige Körperteile aus Chenilledraht.

NATUR-MATERIALIEN

Basteln mit
NATURMATERIAL

Sammeln

Um mit Naturmaterial basteln zu können, musst du es erst einmal sammeln. Lege dir am besten einen Platz im Garten an, an dem du Zapfen, Muscheln, Steine, Stöcke und Rinde deponierst. Kastanien kannst du auch in einem Korb aufbewahren. Blätter und Blüten presst du am besten zwischen Telefonbuchseiten, Beeren verwendet man meist frisch.

Lebensmittel

Es gibt viele hungernde Menschen auf der Welt und gleichzeitig einen riesigen Müllberg an noch genießbaren Lebensmitteln, die jeden Tag weggeworfen werden. Mach dir dieses Problem bewusst. Wenn du trotzdem mit Nahrungsmitteln basteln möchtest, dann schau dich mal um: Kürbisse, Nüsse, Äpfel und ungekochte Nudeln sind wirklich sehr dekorativ und mit nassen Teebeuteln oder zerquetschten Beeren kannst du sogar malen. Halte solche Basteleien jedoch am besten in Maßen.

Frühlings- und Sommermaterial

Im Frühling und Sommer ist die Zeit, in der du Blumen sammeln und pressen solltest. Außerdem kannst du dich dann auch auf die Suche nach Muscheln und Schneckenhäuschen machen.

Herbstmaterial

Die Klassiker sind Kastanien und Eicheln. Es gibt aber auch weniger bekannte Naturschätze zu entdecken: Verbastelt werden können beispielsweise die Früchte der Linde und der Platane, Hagebutten, Sonnenblumen-, Zwetschgen- und Kirschkerne, Haselnüsse und fast alle getrockneten Blüten.

Wintermaterial

Auch mit Schnee und Eis lassen sich tolle Kunstwerke erschaffen: Wie wäre es anstatt eines Schneemanns mit einer Pyramide oder einem Monster aus Schnee? Wenn du Teelichter hineinstellst, dann leuchtet der Schnee geheimnisvoll in der Dämmerung.
Beeren, Blütenblätter und andere Fundstücke lassen sich auch prima einfrieren. Gestalte so Eislichter oder lege Mandalas in große Blumenuntersetzer aus Kunststoff, die du dann mit Wasser füllst, sodass du nach einer kalten Nacht eine Eisscheibe an der Eingangstür aufstellen kannst.

Farbe

Holz kannst du entweder in seiner Naturfarbe belassen oder, damit es schön glänzt, mit Speiseöl einölen. Zum Bemalen eignet sich Acrylfarbe. Wenn dein Objekt wetterfest sein soll, kannst du es auch noch mit Klarlack besprühen.

Pflanzen trocknen

Wenn du Blumen trocknen möchtest, hängst du sie kopfüber an eine Stange. Wenn du flaches Material brauchst, legst du einzelne Blüten oder Blätter zwischen alte Telefonbuchseiten und legst noch ein paar weitere schwere Bücher darauf. Nach etwa zwei Wochen ist alles getrocknet und du hast haltbares, verbastelbares, flaches Material.

Kleben

Für deine Naturbasteleien kannst du wie beim normalen Basteln auch ein paar Tropfen Klebstoff verwenden. Hier bietet sich UHU creativ für Naturmaterialien an.

Sägen

Große Äste muss man oft erst zusägen, bevor man mit ihnen werken kann. Das solltest du nur unter der Aufsicht eines Erwachsenen tun, damit du dich dabei nicht verletzt. Spanne das betreffende Holzstück mit Schraubzwingen fest, sodass es dir nicht entwischen kann. Die Sägestelle markierst du mit einem Bleistift. Dann sägst du vorsichtig mit geraden Bewegungen von dir fort.

Schnitzen

Mit einem Taschenmesser kannst du die tollsten Formen in einen Stock schnitzen. Führe dabei das Messer immer von dir weg und achte bei jeder Kerbe darauf, dass kein Finger im Weg ist. Es gibt auch spezielles Schnitzwerkzeug mit allerlei Stemm- und Hohleisen. Das ist aber wirklich nur was für Profis!

Alle Mann
AN DECK?

Das brauchst du

- gleichmäßige Zweige, ca. ø 1–1,5 cm
- dünne Schnur
- Tonpapierreste in Schwarz und Orange
- Kopierpapier in Weiß
- Flaschendrehverschluss aus Metall
- Schaschlikstäbchen
- kleine Handsäge
- dicker Nagel
- Hammer
- Schere
- Dekostift in Schwarz
- Bleistift
- Lineal
- UHU Alleskleber

Vorlage Seite 154

1 Säge die Zweige in kleine Stücke, die etwa 20 cm bis 25 cm lang sind. Lege die Zweigstücke nebeneinander hin, sodass sie ein Rechteck bilden. Lass dir dabei von einem Erwachsenen helfen.

2 Schneide drei etwa 60 cm lange Schnüre ab. Schlinge die Schnüre in gleichmäßigem Abstand um das erste Holz und verknote sie. Dann schlinge die Schnüre immer einmal komplett um das nächste Holz und verknote die Schnurenden am letzten Ast fest.

3 Schneide aus dem schwarzen Tonpapier ein Segel aus. Es sollte 10 cm breit und 12 cm lang sein. Dann überträgst du den Totenkopf gemäß der Vorlage auf das weiße Kopierpapier. Schneide den Totenkopf aus und klebe ihn auf das Segel.

4 Bohre mit der Schere oben und unten in das Segel ein kleines Loch und stecke das Schaschlikstäbchen durch.

5 Male mit dem Dekostift ein paar Striche auf den Flaschenverschluss und schlage mit Nagel und Hammer ein Loch in die Mitte des Verschlusses hinein. Stecke den Verschluss als Mastkorb auf das Holzstäbchen.

6 Übertrage die Vorlage für die Fahne auf das orangefarbene Tonpapier. Schneide die Fahne aus und klebe sie auf die Spitze des Mastes.

7 Schlage mit Hammer und Nagel ein kleines Loch in die Mitte des Floßes. Bestreiche das untere Ende des Mastes mit etwas Klebstoff und stecke es in das Loch hinein.

Tipp

Wenn du ein Multifunktionstaschenmesser mit kleiner Säge und einer Bohrahle hast, kannst du das Piratenfloß auch im Urlaub bauen. Geeignete Materialien gibt es fast überall. Und los geht's – lass dein Floß zu Wasser!

Tollkühne
TIERAKROBATEN

Das brauchst du

- 6 Sektkorken
- Acrylfarbe in Gelb, Hellgrün, Braun, Hellbraun, Rot, Orange, Graublau und Blau
- Chenilledraht in Gelb, Orange, Braun und Graublau
- Lackmalstift in Schwarz und Weiß
- Fichtenholz, 4 cm x 20 cm, 1,2 cm stark
- Rundholz, ⌀ 3,5 cm, 4 cm lang
- Bohrer
- Schraube, 3,5 cm lang
- UHU Alleskleber Kraft

Vorlage Seite 154

1 Bemale alle Korken zunächst in der Grundfarbe und lass sie gut trocknen.

2 Ergänze nun Pfoten, Schnauzen und Fellstreifen, wie du sie auf dem Foto sehen kannst. Anschließend lässt du die Farbe wieder gut trocknen.

3 Mit den Lackmalstiften kannst du nun lustige Gesichter aufmalen.

4 Jetzt fehlen noch die Ohren der Tiere! Schneide dazu von den Chenilledrähten je zwei 5 cm lange Stücke ab und rolle sie zu Schnecken zusammen. Diese klebst du an die Figuren. Der Löwe bekommt noch eine 6 cm lange Mähne. Die Ohren des Elefanten sind größer, du brauchst dafür zwei 10 cm lange blaue Drahtstücke. Der Rüssel ist 4 cm lang.

5 Bemale die Holzstücke für das Katapult in Blau und Rot und verziere sie mit dem weißen Lackmalstift. Bitte einen Erwachsenen, dir beim Zusammenschrauben der beiden Teile zu helfen: Das Rundholz muss 6 cm vom Rand entfernt befestigt werden.

6 Nun kann es losgehen! Setze ein Korkentier auf das lange Katapultende und schlage mit der Hand auf das kurze Ende: Schon saust es durch die Luft! Schaffst du es, das Tier zu fangen?

Tipp

Die Korken kannst du auch ganz weiß bemalen und Gruselgesichter aufmalen, dann fliegen kleine Gespenster durch das Zimmer!

Kastanienjunge
MIT IGELN

Das brauchst du

Kastanienjunge

- Rohholzkugel, ø 3 cm
- 2 gebohrte Rohholzkugeln, ø 1,2 cm
- Fruchthülle einer Kastanie
- große Rosskastanie, ca. ø 4,5 cm
- Kordel in Natur, ø 3 mm, 2x 5 cm (Arme) und 2x 6 cm lang (Beine)
- Rohholzhalbkugel, ø 6 mm
- 2 Holzfüße, 2,5 cm breit, 3 cm lang
- Papierdrahtkordel in Natur, ø 1 mm, 2x 10 cm lang
- Heißkleber
- Zahnstocher
- Filzrest in Hellgrün
- Bohrer, ø 2 mm
- Acrylfarbe in Rot und Schwarz

Igel

- Tonpapierrest in Hautfarbe
- Flügelnüsse (Früchte der Esche)
- Vogelbeere
- Heißkleber
- evtl. Schaschlikstäbchen

Vorlage Seite 155

Kastanienjunge

1 Bohre in die Rosskastanie vier Löcher für Arme und Beine und klebe die vier Kordelstücke in die Löcher. Bitte beim Bohren einen Erwachsenen um Hilfe! Nun kannst du an den Enden die Holzschuhe und die Holzkugeln einkleben.

2 Auf den Schuhen fixierst du jeweils eine Schleife aus Papierdrahtkordel mit Heißkleber.

3 Auf die große Holzkugel das Gesicht aufmalen. Die Augen mit einem Schaschlikstäbchen mit schwarzer Acrylfarbe auftupfen, den Mund mit rotem Buntstift aufmalen. Bemale die Rohholzhalbkugel rot, setze mit einem weißen Lackmalstift einen Lichtpunkt auf und klebe die fertige Nase auf.

4 Auf die Kugel eine passende Kastanienhülle kleben. Den Kopf mit Heißkleber auf dem Kastanienkörper fixieren und rundherum einen Schal aus Filz knoten. Die Schalenden mit der Schere zu Fransen einschneiden.

5 In die Unterseite der Kastanie ein weiteres Loch bohren und den Zahnstocher einkleben.

Igel

1 Zunächst schneidest du den Körper aus Tonpapier aus und beklebst ihn mit Heißkleber schuppenartig mit Flügelnüssen.

2 Nun kannst du das Gesicht zuschneiden, bemalen und als Nase eine Vogelbeere aufkleben. Das Gesicht auf den Körper kleben. Wenn du deinen Igel als Einsteckfigur verwenden möchtest, musst du noch von hinten ein Schaschlikstäbchen fixieren.

Farbenfroher
KARTOFFELDRUCK

Das brauchst du

- dicke Kartoffeln
- scharfes Messerchen
- Stoffbeutel in Weiß
- Textilfarbe in Pink, Türkis, Gelb und Hellgrün
- Pinsel
- evtl. Plätzchenausstecher
- Küchentuch
- Bügeleisen
- Karton, A4
- Pappteller

1 Du startest, indem du die Kartoffel halbierst und die austretende Stärke mit einem Küchentuch abtupfst. Dann malst du dir ein Wunschmotiv auf die Kartoffel und ein Erwachsener schneidet es mit dem Messer für dich ungefähr 0,5 cm tief aus.

2 Von den Textilfarben gibst du ein paar Kleckse auf einen Pappteller und streichst sie dann mit einem Pinsel auf deinen Kartoffelstempel. Mach zuerst einen Testabdruck auf einem Stück Papier. Gefällt er dir, kannst du mit dem Bedrucken deiner Stofftasche starten. Vorher legst du noch einen Karton in die Tasche, damit die Farbe nicht durchdrückt.

3 Drücke den Stempel an der gewünschten Stelle fest auf und versuche, nicht zu wackeln! Lass alles gut trocknen.

4 Gefällt dir dein Meisterwerk, solltest du es haltbar machen. Dafür legst du ein Küchentuch auf die Tasche und ein Erwachsener bügelt für dich mit einem Bügeleisen über deine Stempelkunst. Fertig ist deine ganz besondere, schick bestempelte Tasche!

Türkranz mit EICHHÖRNCHEN

Das brauchst du

- Styropor®-Flachring, ø 21 cm
- eine Tasse voll kleiner Kiesel
- Filzschnur in Türkis, ø 1,2 cm, 5 m lang
- UHU Hart
- Schleifenband in Orange, 4 cm breit, 1 m lang
- Fingerpuppe oder Plüschtier „Eichhörnchen", 8 cm hoch
- 5 Stecknadeln

1 Umwickle den Styropor®-Flachring gleichmäßig mit der Filzschnur und verstecke das Ende der Schnur.

2 Sammle eine ganze Tasse voller kleiner Steinchen in bunten Farben – es gibt graue, rote, beige, orange, bläuliche und weiße Steinchen.

3 Als Nächstes klebst du die Kiesel gleichmäßig verteilt auf den Kranz. Dazu streichst du die geradeste Seite der Steinchen einzeln und nacheinander mit dem Klebstoff ein und drückst den Stein für einige Sekunden jeweils fest auf den Ring.

4 Lege das Schleifenband um den oberen Teil des Kranzes und mach am Ende eine Schleife hinein. An diesem Band kannst du den Kranz aufhängen.

5 Mit Stecknadeln befestigst du das Eichhörnchen auf dem Kranz. Sieht das nicht lustig aus?

Indianerdorf mit
KORKBEWOHNERN

Das brauchst du

- 10 Korken
- Satinbandreste in Rot, Orange, Lila und Grün, 2 cm breit
- Satinbandreste in Gelb, Lila und Grün, 0,4 cm breit
- Ringelbandtresse in Hellgrün, Orange und Rot, 0,5 cm breit, 9 cm lang
- Tonpapier in Hellbraun
- Tonpapierreste in Braun und Gelb
- Selbstklebepunkte in Rot, Gelb und Blau, ø 1,2 cm
- Acrylfarbe in Braun
- Aquabuntstifte in Weiß, Gelb, Blau, Grün, Orange und Rot
- Permanentmarker in Schwarz und Rot
- Haselnuss mit Schale, ø 2 cm
- 4 Federn, 2–3 cm lang
- 3 dünne Zweige, ø 3–5 mm, 13 cm lang
- Zweig, ø 2 mm, 50 cm lang
- Bastreste in Natur, 1 m lang
- Schnur in Natur, ø 1–2 mm, 1 m lang
- Küchemesser
- UHU Alleskleber Kraft

Vorlage Seite 154

1 Übertrage die Vorlage für das Tipi auf Tonpapier und schneide es aus. Verziere es mit Selbstklebepunkten und Buntstift-Mustern. Klebe die Seiten 1 cm überlappend fest. Umflicht mit der Schnur drei Zweige dreifach, 3 cm vom oberen Ende entfernt. Verknote die

Schnur fest und schneide den Rest ab. Drücke die Zweige aneinander, stülpe das Zelt darüber und drücke die Zeltstangen innen an die Zeltwand.

2 Übertrage die beiden Adlerflügel für den Totempfahl auf braunes, den Schna-

bel auf gelbes Papier. Schneide alles aus. Knicke die Flügel an den gestrichelten Linien nach hinten. Bemale die Adlerflügel mit Buntstiften. Verziere zwei Korken mit Bändern und bemale diese mit Gesichtern. Diese Korken aufeinander kleben. Klebe die Nuss als Adlerkopf oben auf die Korken, klebe den Schnabel an und male die Augen darauf. Die Flügel links und rechts an den obersten Korken kleben.

3 Für einen Indianer klebst du, 2 cm vom unteren Rand entfernt, 9 cm lange Bänderreste um den Korken. Male die Augen mit schwarzem, den Mund und die Nase mit rotem Permanentmarker auf. Dann malst du mit schwarzem Marker die Haare auf. Um den Kopf klebst du das Ringelband als Stirnband. Du kannst dieses auch noch mit Stiften verzieren und eine kleine Feder drankleben.

4 Für das Pferd halbierst du zwei Korken der Länge nach mit einem Küchenmesser. Dabei kannst du dir von einem Erwachsenen helfen lassen. Eine Hälfte davon noch mal durchschneiden für die Hinterbeine. Schneide von einer anderen Hälfte zwei Drittel für den Kopf ab. Schneide den Bast in 15 Stücke, die jeweils 5 cm lang sein sollten. Die Baststücke klebst du als Mähne an. Male mit brauner Farbe Flecken auf das Fell. Die Augen zeichnest du mit schwarzem Filzstift auf.

5 Schneide einen dünnen Zweig in 2–3 cm lange Stücke und lege diese wie ein Lagerfeuer zusammen.

Fröhliche
KÖRNERBILDER

Das brauchst du

- Graupappe, 16 cm x 16 cm
- Fotokarton mit Leinenstruktur in Rot, Hellblau und Weiß, 16 cm x 16 cm
- Körner und Samen (z. B. Leinsamen, Mais, Kürbiskerne, Erbsen, Hirse, Linsen, rosa Pfeffer)
- 2 ovale Wackelaugen, 1 cm lang
- Buntstifte in Braun und Rot
- Lackmalstift in Schwarz, Weiß und Blau
- Fotokartonrest mit Leinenstruktur in Creme
- UHU Alleskleber Kraft
- 6 kleine Schälchen

Vorlage Seite 156/157

1 Klebe die Quadrate aus Fotokarton auf die Pappquadrate. Danach die Vorlagen auf den Karton übertragen.

2 Stelle nun die Körner und Samen in kleinen Schälchen bereit. Streiche immer kleine Abschnitte der Vorzeichnung mit Klebstoff ein und streue die entsprechenden Körner darauf. Drücke sie vorsichtig fest. Klopfe anschließend den Karton vorsichtig mit der Längsseite auf den Tisch, damit die überschüssigen Körner abfallen.

3 Beklebe auf diese Weise alle Flächen mit kleinen Körnern. Größere Materialien, wie Kürbiskerne oder Maiskörner, kannst du gezielt einzeln aufkleben.

4 Male mit Buntstiften Details wie die Fühler der Schnecke auf. Mit Lackmalstiften kannst du Münder und Lichtpunkte ergänzen. Die Eule bekommt große Augen aus Fotokarton mit Bohnen als Pupillen, die mit blauem Lackmalstift bemalt werden.

Rindenboot
DELUXE

Das brauchst du

- gebogenes Rindenstück, 35 cm lang
- Kopierpapier in Weiß, A4
- Tonpapierrest in Rot
- Acrylfarbe in Braun und Weiß
- 2 Schaschlikstäbchen, 20 cm lang
- 2 Zahnstocher, 8 cm lang
- 2 Korken
- Sektkorken
- Weißleim
- Handbohrer, ø 1,5 mm–2 mm

Vorlage Seite 155

1 Suche ein passendes Rindenstück für deinen Mehrmaster.

2 Schneide die zwei Korken der Länge nach durch. Von diesen halben Korken schneidest du einen noch mal zur Hälfte durch. Male alle Korken mit brauner Farbe an. Die Farbe gut trocknen lassen.

3 Nun malst du auf den Sektkorken mit weißer Farbe Fenster auf. Klebe die Korken wie in der Vorlage eingezeichnet mit Weißleim auf den Rindenboden.

4 Übertrage die Segel je zweimal auf das weiße und die Fahnen auf das rote Papier und schneide alles aus. Stich mit einer spitzen Schere die Löcher vor und schiebe die Segel der Reihe nach auf den Schaschlikspieß. Zuerst das größte, dann das mittlere, zuletzt das kleinste. An der Mastspitze klebst du noch die rote Fahne fest.

5 Nun steckst du die kleinen Segel auf die Zahnstocher. Durchbohre mit dem Handbohrer die Mitte des halben Korkens ganz links und des Sektkorkens rechts und klebe die Spitzen ein.

Gefräßige Raupe
NIMMERSATT

Das brauchst du

- 4 Klopapierrollen
- 16 farbige Wattekugeln, ø 1,5 cm (je 4 in Orange, Rot, Blau und Gelb)
- Styropor®-Kugel, ø 4,5 cm
- Pompon in Rot, ø 1,5 cm
- 2 Wackelaugen, ø 1 cm
- 2 Pompons in Gelb, ø 1,5 cm
- Chenilledraht in Gelb, 14 cm lang
- Acrylfarbe in Grün und Rot
- Sprühlack
- 3 Büroklammern
- UHU Alleskleber

1 Kürze die Klopapierrollen auf 5,5 cm und schneide sie an einem Ende viermal in gleichmäßigem Abstand 2 cm tief ein.

2 Male die Styropor®-Kugel und die Rollen außen und innen grün an und lass alles gut trocknen. Jetzt faltest du die zuvor eingeschnittenen Streifen nach innen. Klebe sie an den überlappenden Stellen übereinander, sodass die Öffnung geschlossen wird.

3 An jedes so entstandene Blumentöpfchen klebst du vier Wattekugeln, zwei auf jede Seite. Verbinde die einzelnen Blumentöpfchen am oberen Rand mit je einer Büroklammer, so wird die Blumenraupe stabiler.

4 Besprühe den Körper mit Lack. Lass dir dabei von einem Erwachsenen helfen! Klebe die Wackelaugen und den roten Pompon als Nase auf.

5 Halbiere den Chenilledraht und klebe an jedes Ende einen gelben Pompon. Das werden die Fühler. Auf das andere Ende gibst du etwas Klebstoff und befestigst die Fühler am Kopf.

6 Male den Mund mit roter Farbe auf. Für die Wangen tupfst du die Farbe vorsichtig mit einem Pinsel auf. Klebe den Kopf an den Körper. Nun kannst du deine Blumenraupe nach Lust und Laune bepflanzen oder etwas aussäen, z. B. Kresse oder Ostergras.

Tierische
TISCHDEKO

Das brauchst du

- 2 Walnüsse, ca. ø 4,5 cm
- Schneckenhaus, 3,5 cm hoch
- Fotokartonreste in Gelb, Beige und Grün
- Tonpapierrest in Grün
- 2 Perlhuhnfedern, ca. 4,5 cm lang
- Moos
- getrocknete Grasblüten
- Heidelbeerzweig
- 4 Wackelaugen, ø 5 mm
- 2 Gewürznelken

Vorlage Seite 155

1 Zuerst musst du die Nüsse mit Hilfe eines Messers oder einer Schere öffnen, sauber in zwei Hälften teilen und den Inhalt vollständig entfernen. Dabei sollte dir ein Erwachsener helfen!

2 Dann schneidest du die Entenkörper aus grünem, die Schnäbel aus gelbem Fotokarton aus. Den Schnabel klebst du hinter den Körper. Die Papierformen leicht mit Buntstiften schattieren und Augen und Wangen aufmalen. Den Entenkörper steckst du nun mit dem Schlitz auf die halbe Nuss und klebst ihn fest. Am hinteren Ende eine Feder ankleben.

3 Für die Schildkröte die gelben Fotokartonteile nach der Vorlage ausschneiden, das Gesicht bemalen und die beiden Wackelaugen aufkleben. Die Einzelteile klebst du dann wie auf dem Foto gezeigt an der halben Nuss fest.

4 Die Teile für die Schnecke aus beigefarbenem Fotokarton ausschneiden und das Gesicht bemalen. Die Wackelaugen aufkleben und die Gewürznelken als Fühler anbringen. Nun klebst du noch die beiden Körperteile ans Schneckenhaus.

5 Für den Baum mehrere Blätter aus Tonpapier ausschneiden, diese in der Mitte falten und an einem Zweiglein fixieren.

Spargeldürre
HOLZKERLE

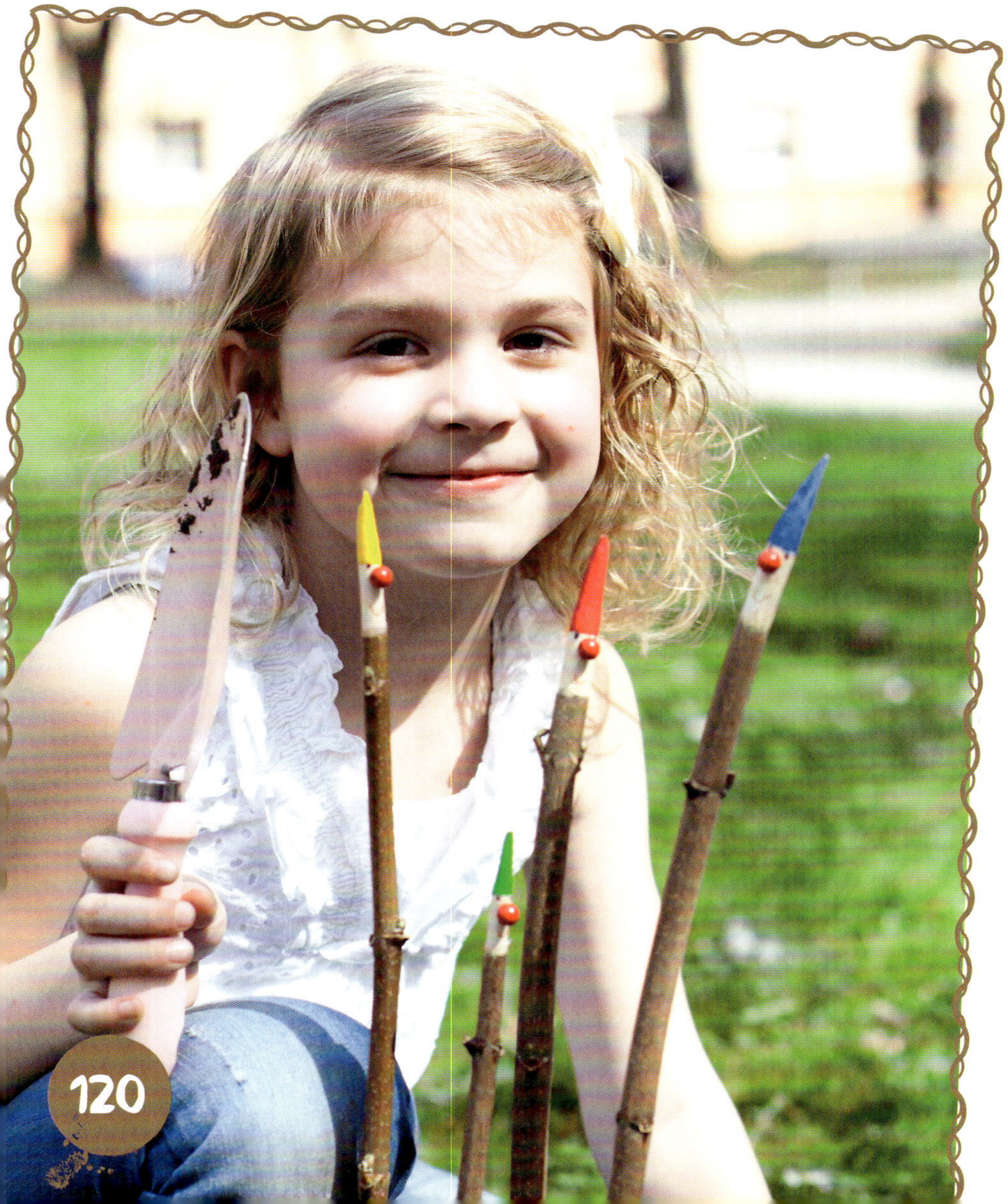

1 Suche gerade Äste und schäle mit dem Taschenmesser die Rinde am dünneren Ende der Rute auf einer Länge von 5 cm ab.

2 Oben und unten erhält der Stock eine Spitze. Schnitze mit dem Messer immer von dir weg! Wenn du noch nie geschnitzt hast, dann benötigst du einen erwachsenen Assistenten (siehe Seite 105).

3 Male die obere Spitze als Mütze in Rot, Gelb, Blau oder Grün an. Trocknen lassen. Währenddessen die rote Perle mit dem Schmirgelpapier an einer Stelle etwas abschmirgeln. Klebe sie als Nase auf, die aufgeraute Stelle ist dabei die Klebefläche.

4 Male die Augen mit schwarzem und den Mund mit rotem Permanentmarker auf. Nun kannst du den Stock mit der unteren Spitze in einen Blumentopf oder ein Beet als Rankhilfe für Kletterpflanzen oder als Stütze für eine Tomate stecken.

Duftende ORANGENLICHTER

Das brauchst du

- 3 Orangen
- Ausstechförmchen „Ente", 4 cm breit
- Lochzange (mittlere Einstellung)
- Schneidebrett
- Küchenmesser
- Tee- oder Esslöffel

1 Schneide den oberen Teil der Orange etwa 2 cm breit mit dem Messer ab. Am besten lässt du dir hier von einem Erwachsenen helfen.

2 Lockere das Fruchtfleisch mit dem Messer und hole es mit dem Löffel heraus. Achte dabei darauf, dass innen noch etwas weiße Haut verbleibt.

3 Jetzt kannst du deine Lichter so verzieren, wie es dir gefällt. Schneide z. B. mit dem Messer große Zacken in den Rand der Orangenschale und stich mit der Lochzange an jeder Zackenspitze unten und oben ein Loch aus. Wenn du möchtest, kannst du aber auch mit einem Ausstechförmchen mehrere Enten hintereinander ausstanzen oder einfach mit dem Messer geometrische Muster von außen nach innen aus der Schale schnitzen oder einkerben.

4 Stelle ein Teelicht in deine Orange und entzünde es mithilfe des Stabfeuerzeugs. Lass die Kerzen nie unbeaufsichtigt brennen!

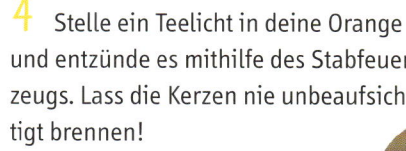

Blühende
FENSTERBILDER

Das brauchst du

- 30 Rosenblütenblätter in Gelb und Pink, gepresst
- 10 Krokusblütenblätter in Gelb, gepresst
- 7 Hortensienblütenblätter in Blau, gepresst
- Overheadfolie, A4
- Transparentpapier, A4
- Plastikbecher, ø 9,5 cm und 7,5 cm
- Permanentmarker in Orange, Rot und Gelb, dick
- Permanentmarker in Schwarz, dünn
- Satinbändchen in Rot, 4 mm breit, 1 m lang
- alte Telefonbücher
- UHU Alleskleber Kraft

1 Presse viele Blüten (mehr als du später benötigst, ein paar werden vielleicht nichts) drei Wochen lang zwischen alten Telefonbüchern.

2 Stelle einen Plastikbecher auf Transparentpapier und umfahre ihn jeweils mit einem anderen Permanentmarker. Schneide die Kreise aus. Schneide ebenso viele, genauso große Kreise aus der Overheadfolie aus.

3 Lege die gepressten Blütenblätter auf den Transparentpapierkreisen zu Tieren und fixiere die Blütenblätter dann mit Alleskleber.

4 Male mit schwarzem Permanentmarker Mund, Fühler, Beine, Schnurrhaare und Augen auf.

5 Verbinde die einzelnen runden Bilder mit 2 cm langen Satinbandstücken, indem du die Enden mit Alleskleber fixierst, dann auch die Overheadfolie am Außenrand mit Klebstoff bestreichst und gegen das Transparentpapier und das Satinband klebst. Bringe ein langes Stück am obersten Bild als Aufhängung an.

Guerilla-
SAMENBOMBEN

Das brauchst du

- 1 Becher voll Samen
- 5 Becher Blumenerde
- 4 Becher Tonpulver
- 1–2 Becher Wasser
- Seidenpapier
- Satinband

1 Suche dir eine ausreichend große Schüssel und schütte fünf Becher Blumenerde und einen Becher Blumensamen hinein. Welche du nimmst, bleibt dir überlassen. Im Gartencenter sind auch bereits fertige Samenmischungen erhältlich.

2 Verrühre alles miteinander und gib noch fünf Becher Tonpulver hinzu. Durch das Tonpulver lassen sich die Samenbomben später gut formen, werden schön fest und bleiben in Form.

3 Gib gerade so viel Wasser hinzu, dass eine gebundene Masse entsteht und verknete alles schön miteinander. Eventuell musst du mit der Menge des Wassers ein wenig experimentieren.

4 Aus der Masse formst du jetzt Kugeln, die in etwa so groß sein sollten wie Walnüsse. Lass sie ein bis zwei Tage lang trocknen. Dann kannst du sie hübsch in Seidenpapier oder Servietten einschlagen, ein Schleifchen darum wickeln und verschenken. Oder du wirfst die Bomben auf Grünflächen, denen ein paar bunte Blumen gut stehen würden.

Kronjuwelen
AUS DER NATUR

Das brauchst du

- 11 Holzperlen in Rot und Braun, ø 1,5 cm
- 36 Holzperlen in Natur, Weiß, Gelb, Lila, Hellblau, Dunkelblau, Pink, Rosa, Dunkelrot, Orange und Grau, ø 1 cm
- 48 Hagebutten
- extrastarkes Nähgarn in Weiß, 70 cm lang
- Nadel

1 Hagebutten sind Rosenfrüchte und können nur dann geerntet werden, wenn die Rosen verblüht sind. Die Erntezeit ist im Herbst.

2 Fädle das Garn auf die Nadel und mache einen Knoten in das Fadenende.

3 Reihe nun abwechselnd Holzperlen und Hagebutten auf das Garn. Die Hagebutten durchstichst du am stabilen Stielansatz.

4 Verknote beide Fadenenden miteinander, sobald alle Hagebutten und Perlen aufgefädelt sind.

Winzige
KASTANIENFEEN

Das brauchst du

- Kastanie, ø 3 cm
- Holzkugel, ø 2 cm
- 5 Streichhölzer
- Kordel in Gelb, 40 cm lang
- Bucheckerkapsel oder getrocknete Rose in Rot
- Knete in Lila oder Grün
- gepresstes Gänseblümchen in Weiß oder Lila
- Geschenkband in Weiß mit Glitzer, 4 cm breit, 23 cm lang (alternativ 2 Essigbaumblätter, gepresst)
- Permanentmarker in Schwarz, Rot, Hautfarbe und Weiß
- Buntstift in Rot
- Nylonfaden in Transparent, 50 cm lang
- UHU Alleskleber Kraft
- Handbohrer, ø 2 mm

1 Bohre in die Kastanie zwei Löcher für die Arme, zwei für die Beine und eines für den Kopf.

2 Stecke in jedes Loch ein Streichholz, für den Hals genügt ein halbes.

3 Befestige die Holzkugel auf dem Feenhals und male das Gesicht mit den Permanenmarkern auf. Die Wangen kannst du mit dem Buntstift röten.

4 Die Feenprinzessin bekommt Haare aus der gelben Kordel, die du vor dem Aufkleben aufdröseln solltest. Das Haupt schmückt eine Bucheckerkrone. Die Rosenfee bekommt eine getrocknete Rose als Hut aufgeklebt.

5 Deine Fee braucht noch Schuhe! Forme hierfür aus je ¼ Stange Knete zwei Kugeln und stecke sie an die Füße. Alternativ kannst du auch Eichelkapseln durchbohren und als Schuhe anstecken.

6 Den Bauch dekorierst du mit einer gepressten Blüte.

7 Klebe das weiße Glitzerband (oder die beiden gepressten Blätter) an den Enden zusammen und drücke die entstandene Rolle in der Mitte zusammen. Die so entstandenen Flügel fixierst du mit Kleber auf dem Rücken deiner schönen Fee.

8 Du kannst deine Feen auch an durchsichtigen Nylonfäden befestigen und an Ästen im Garten aufhängen. Das sieht aus, als ob sie schweben würden!

Sommerliche GARTENPARTY

Das brauchst du

- verschiedene Blüten
- Lampion in Grün, Gelb und Pink
- Satinbänder in Lila, Gelb und Hellgrün, 1 cm breit, 2,5 m lang
- UHU Alleskleber Kraft
- zwei alte Telefonbücher

1 Sammle verschiedene schöne Blumen und presse sie in alten Telefonbüchern. Nach etwa einer Woche sind sie getrocknet.

2 Klebe die Blumen auf die Lampions. Du kannst sie, wie es dir gefällt, darauf verteilen oder auch zu einfachen Mustern zusammenstellen.

3 Statt fertig gekaufter Lampions kannst du ganz leicht selbst welche herstellen. Puste einen Luftballon auf und klebe mit Kleister etwa drei Lagen Transparentpapierschnipsel rund um den Ballon. Nach dem Trocknen kannst du den Ballon aufschneiden und aus der Pappmachékugel herausnehmen. Befestige noch einen Drahtbügel daran, damit du deinen Lampion auch aufhängen kannst.

4 Binde die verschiedenen bunten Bänder an die Laternenbügel.

Schöne
WALDMUSIK

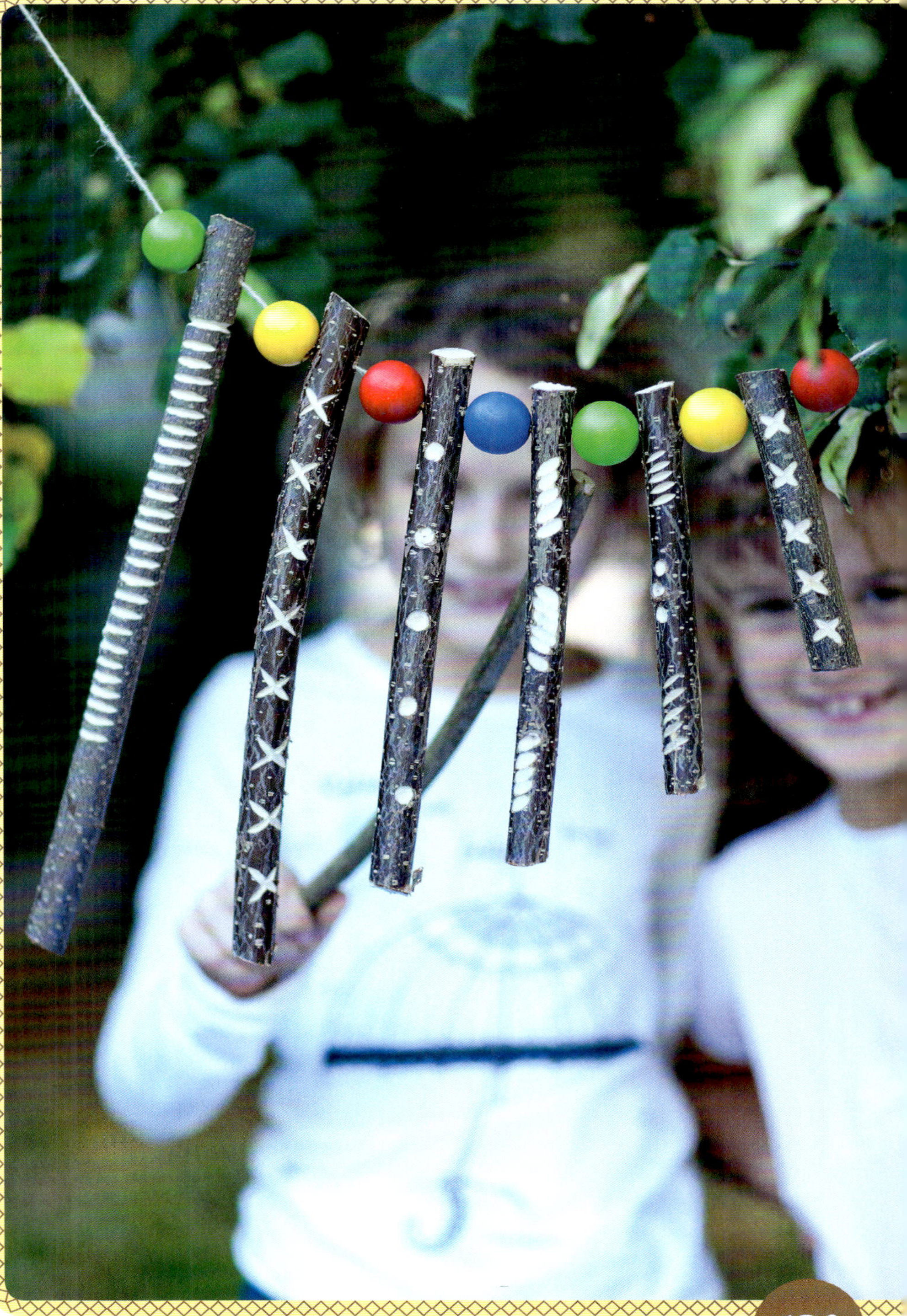

1 Lass dir von einem Erwachsenen den dickeren Zweig in sechs Stücke sägen: Die Stücke müssen 35 cm, 30 cm, 25 cm, 20 cm, 15 cm und 10 cm lang sein. Die Stäbe ca. 2 cm vom oberen Rand entfernt quer durchbohren.

2 Bemale die Holzkugeln mit den Acrylfarben. Lass die Farbe gut trocknen. Schnitze mit einem Messer Streifen, Punkte, Ringe oder andere Muster in die Aststücke. Schneide dabei immer vom Körper weg, damit du dich nicht verletzt!

3 Fädle die Aststücke der Größe nach geordnet mit je einer Kugel als Abstandshalter auf die Paketschnur. Knote die Enden der Paketschnur zu Schlingen. Mit dem dünneren Zweig kannst du nun auf deinem Astxylophon spielen!

Tierisches
REGENWURMHOTEL

Das brauchst du

- Glas, ø 10–15 cm, ca. 25 cm hoch
- Blumenerde
- Blätter oder Zeitungsschnipsel
- Gemüse- und Obstreste (z. B. Möhren-schalen, Apfelschalen, Salatblätter)
- Haferflocken
- Tuch
- kleine Steinchen
- Sand

1 Zuerst füllst du eine Schicht kleiner Steinchen auf den Boden des Glases. Dann folgt eine Schicht Sand, dann Erde. Zwischendurch kannst du eine Lage Blätter oder Zeitungsschnipsel einstreuen und dann weiter Sand und Erde aufhäufen. Zum Schluss gibst du Gemüse- oder Obstreste als Futter obendrauf.

2 Jetzt gehst du auf Regenwurm-Suche. Schnapp dir einen Spaten und grab dich durch die Beete. Du brauchst nicht mehr als fünf Würmer, sonst muss dein Hotel wegen Überfüllung geschlossen werden! Gib sie in dein vorbereitetes Glas, befeuchte das Ganze leicht und deck es mit einem Tuch ab.

3 Regenwürmer mögen kein Sonnenlicht! Wärme übrigens auch nicht, stell deshalb das Glas in jedem Fall an einen schattigen Ort.

4 Alle paar Tage fütterst du die Regenwürmer mit Salatblättern, Möhrenschalen oder Haferflocken. Nach drei Wochen kannst du gut sehen, wie sie das Glas schön umgegraben und Gänge hineingezogen haben. Wenn du das Gefühl hast, genug geforscht zu haben, lass die Regenwürmer auf euren Komposthaufen umziehen.

Regenwurmhotel

Zimmer Frei!

Blütenkränzchen
FÜR DEN KOPF

Das brauchst du

- verschiedene Blüten (Margeriten, Bartnelken, Vergissmeinnicht, Astern, Butterblumen, Glockenblumen, Gänseblümchen, Löwenzahn)
- Blumendraht
- Zange

1 Zuerst brauchst du eine schöne Sammlung langstieliger Blumen. Du kannst Bartnelken, Margeriten, Vergissmeinnicht, kleine Rosen, aber auch Wiesenblumen, wie Gänseblümchen, Löwenzahn und Butterblumen verwenden.

2 Nimm ein Stück Blumendraht und wickle es vorsichtig um deinen Kopf. Schneide den Draht zurecht und verzwirble die Enden miteinander, sodass ein Ring entsteht.

3 Jetzt legst du immer ein paar Blumenstiele zusammen, am besten ein bisschen versetzt voneinander, und umwickelst den Bund ebenfalls mit Blumendraht. Überstehende Blumenstiele schneidest du einfach ab. Dann befestigst du den Bund am Drahtkranz.

4 Bund für Bund knotest du jetzt am Blumendraht fest, bis du einen prachtvollen Blütenkranz hast. Um dein Kränzchen ein wenig haltbarer zu machen, kannst du es zwischendurch in eine große Schüssel mit Wasser legen.

Schillernd-bunte
ERDNUSSVÖGELCHEN

Das brauchst du

- Erdnüsse mit Schale
- Acrylfarben
- Pinsel
- Zahnstocher
- dünner Filzstift in Schwarz
- Tüll- oder Stoffreste
- Nadel und Faden
- UHU Alleskleber

1 Grundiere die Erdnüsse als Erstes mit weißer Acrylfarbe. Sobald die Farbe getrocknet ist, pikst du mit dem Zahnstocher oben ein Loch hinein. Kürze den Zahnstocher mit der Schere und klebe ihn als Schnabel in das Loch.

2 Male die Vögel nun kunterbunt an und lass alles gut trocknen.

3 Jetzt malst du mit dem Filzstift zwei Augen auf.

4 Pikse für die Flügel mit einem Zahnstocher dem Vogel in den Rücken, dann verdrehst du ein kleines Stück Tüll (ca. 3 cm x 5 cm) zu einer Schleife und klebst sie in das Loch.

5 Zum Schluss ziehst du mit der Nadel einen Faden als Aufhänger nah am Körper des Vogels durch die Tüll-Flügel, und schon können deine Vögelchen fliegen.

Lustige ZAPFENTIERE

Das brauchst du

- Kieferzapfen
- bunte Filzreste
- UHU Alleskleber
- Schere

1 Schneide für jede Eule immer zwei Kreise in drei verschiedenen Größen (ø 2,5 cm, 2 cm und 1,5 cm) aus Filz aus. Die zwei großen Kreise schneidest du anschließend fransig ein.

2 Für die Pupillen zwei Kreise (ø 1 cm) aus dem schwarzen Filz ausschneiden und eine kleine Zacke einschneiden.

3 Klebe alle Kreise der Größe nach aufeinander und lass alles gut trocknen. Dann die Augen auf die Zapfen kleben.

4 Nun schneidest du unterschiedlich lange Flügel aus und jeweils unten etwas ein. Klebe die Flügel der Größe nach aufeinander und befestige sie an den Zapfenseiten.

5 Zum Schluss für den Schnabel ein Dreieck aus Filz ausschneiden und zwischen die Augen kleben.

133

VORLAGEN

134

135

Kleine Elefantenparade
SEITE 12

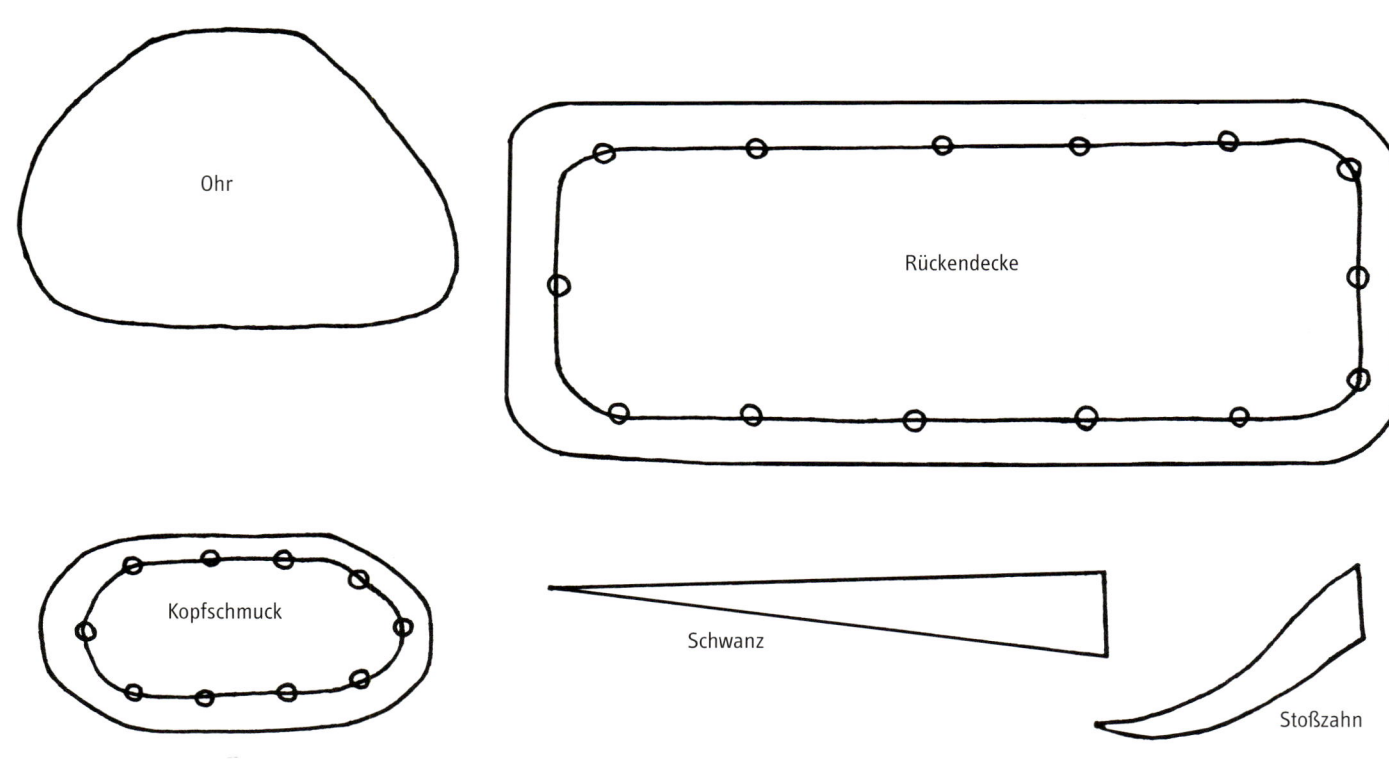

Ohr

Rückendecke

Kopfschmuck

Schwanz

Stoßzahn

Mini-Autowaschanlage
SEITE 16/17

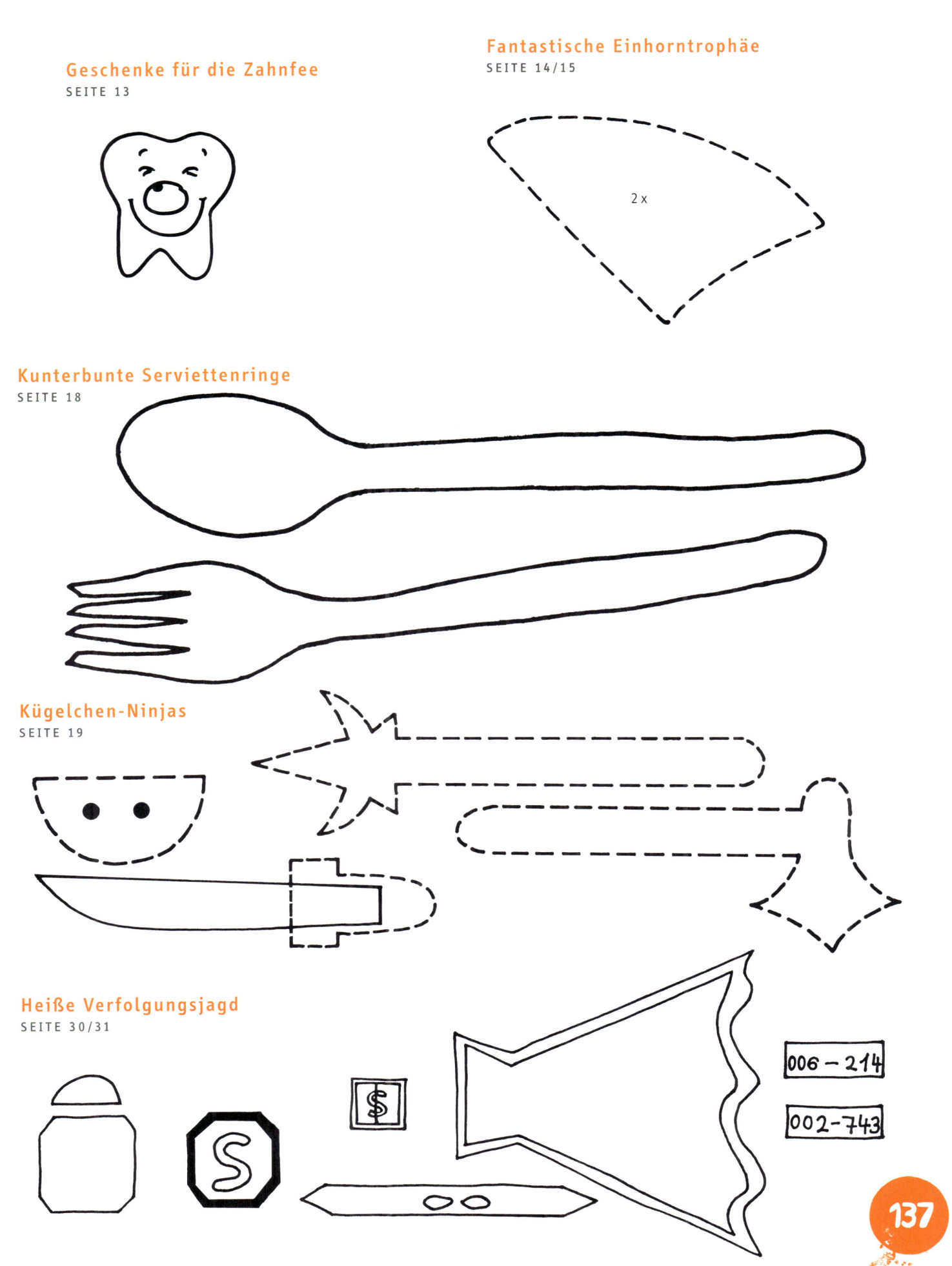

Geschenke für die Zahnfee
SEITE 13

Fantastische Einhorntrophäe
SEITE 14/15

2 x

Kunterbunte Serviettenringe
SEITE 18

Kügelchen-Ninjas
SEITE 19

Heiße Verfolgungsjagd
SEITE 30/31

$

S

006 – 214

002 – 743

137

Verliebte Flamingos
SEITE 22/23
Vorlage auf 200% vergrößern.

2 x

Putzige Zwergenstube
SEITE 21

Kreis auf 200% vergrößern.

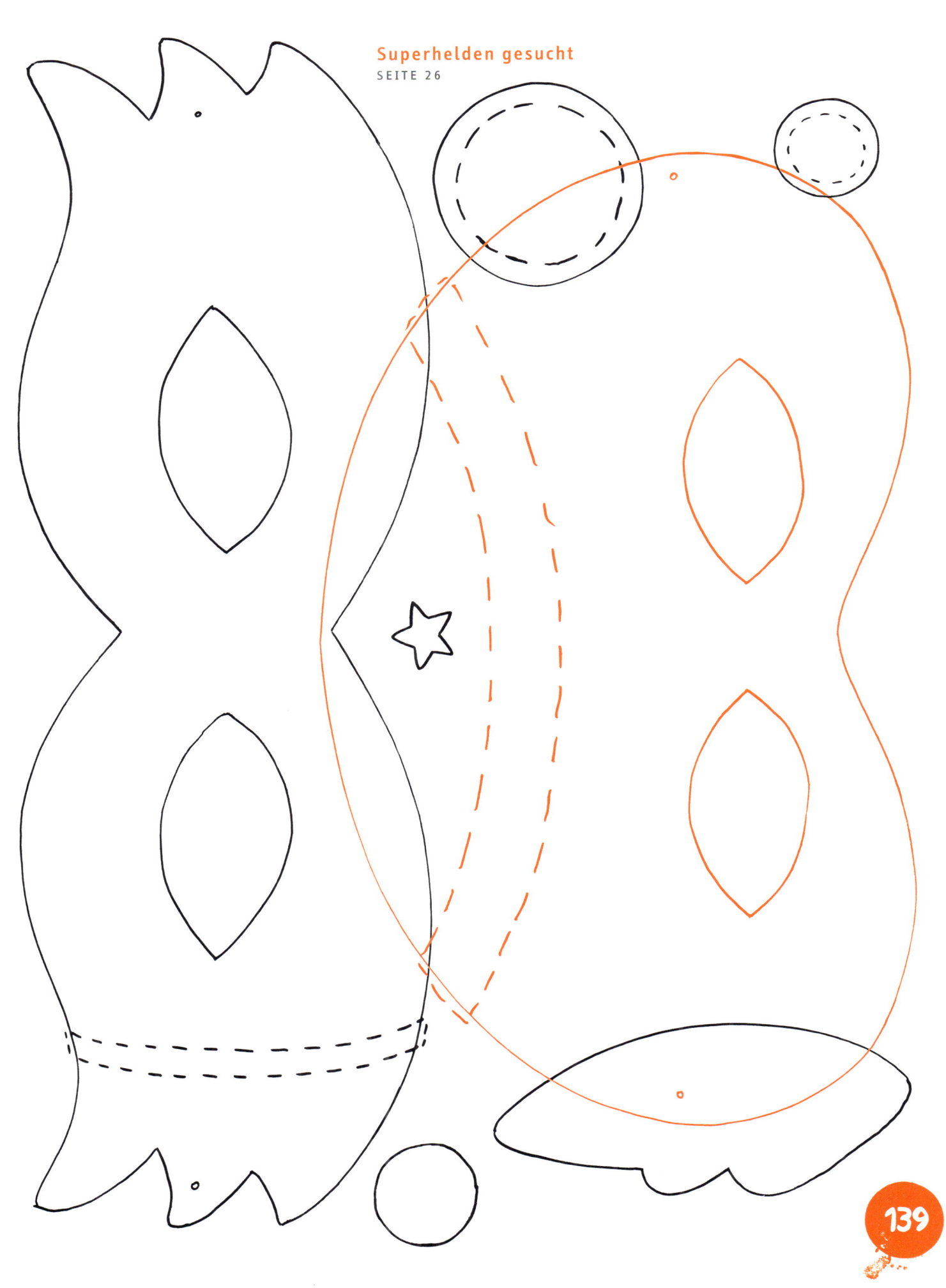

139

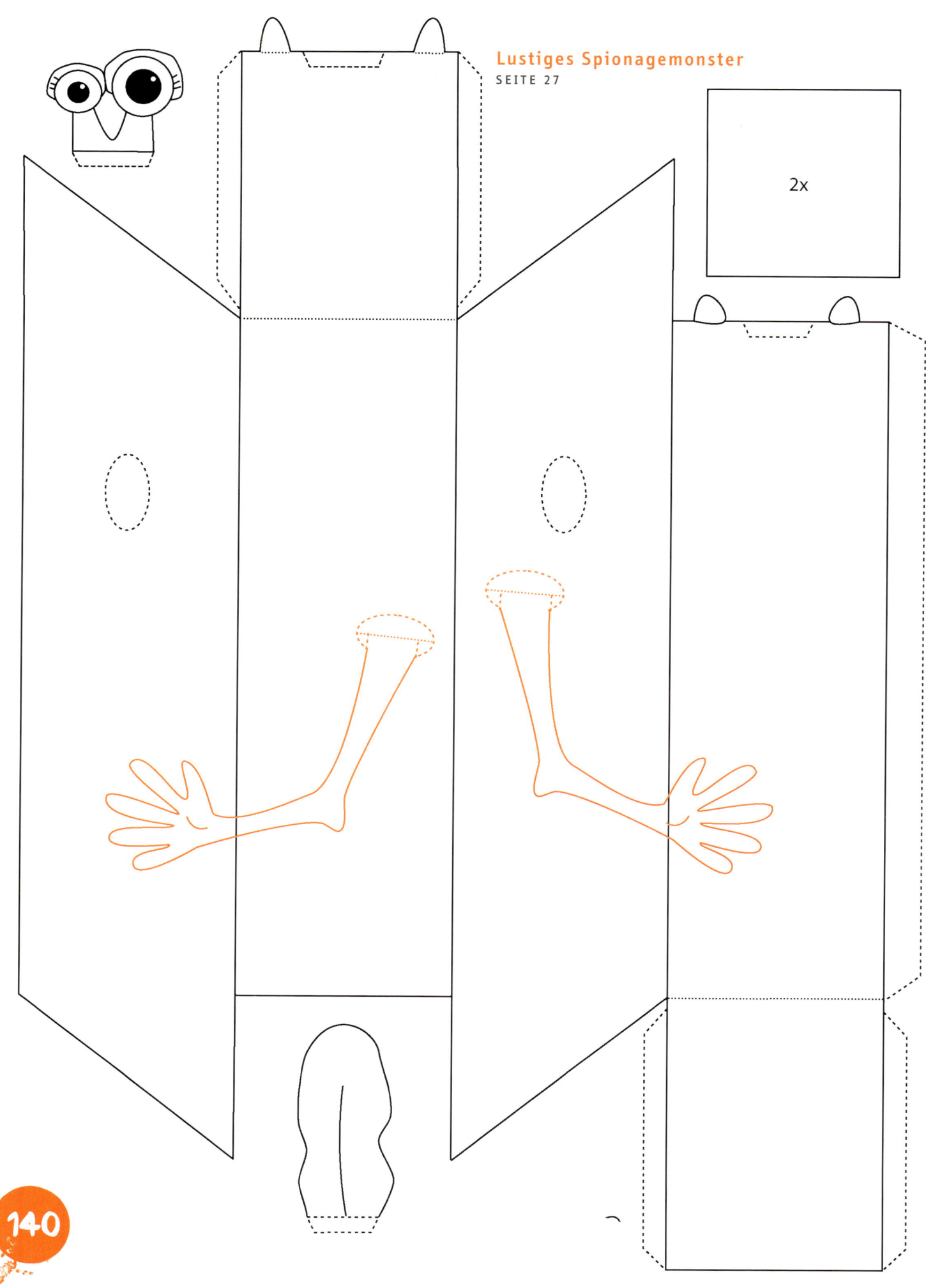

2x

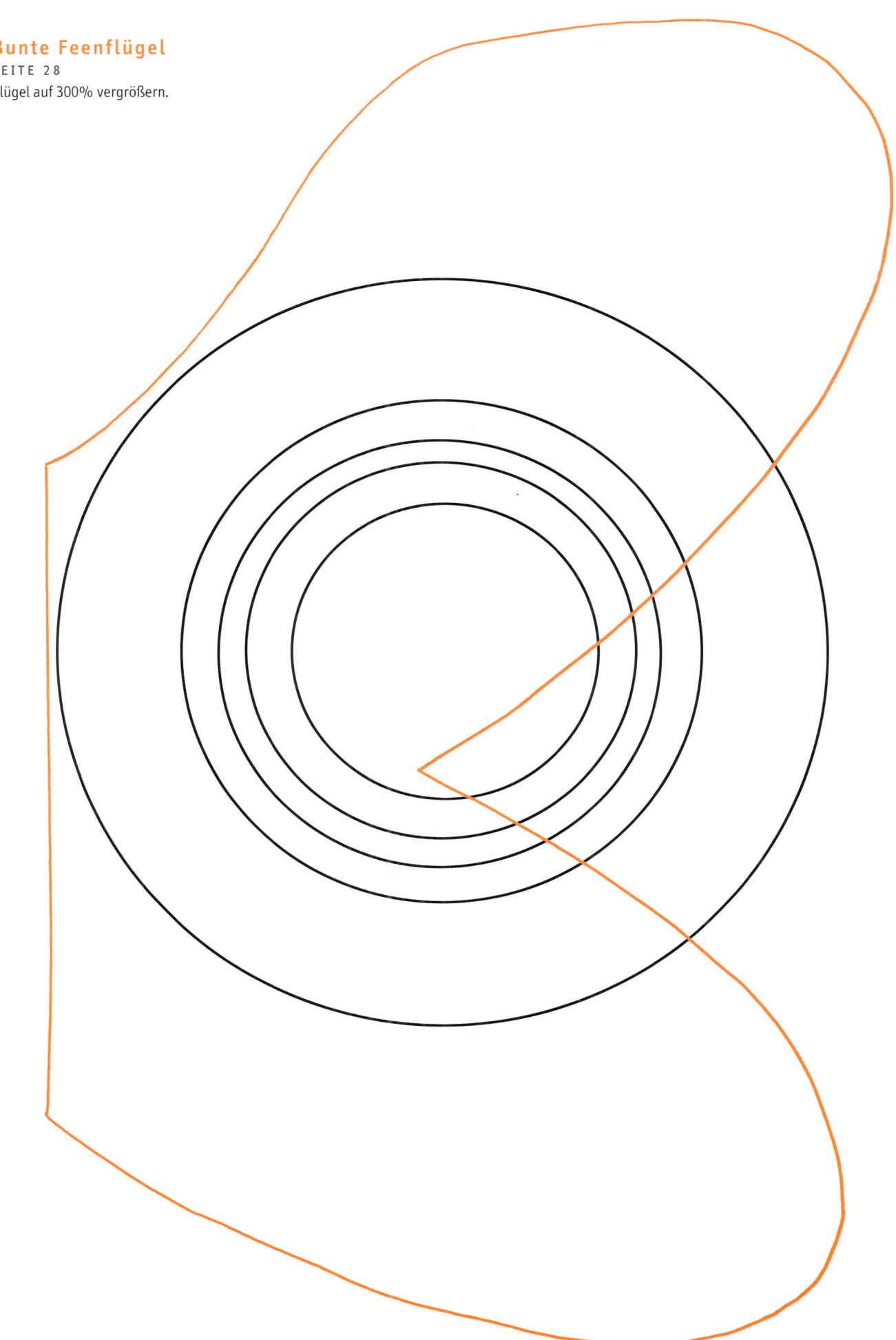

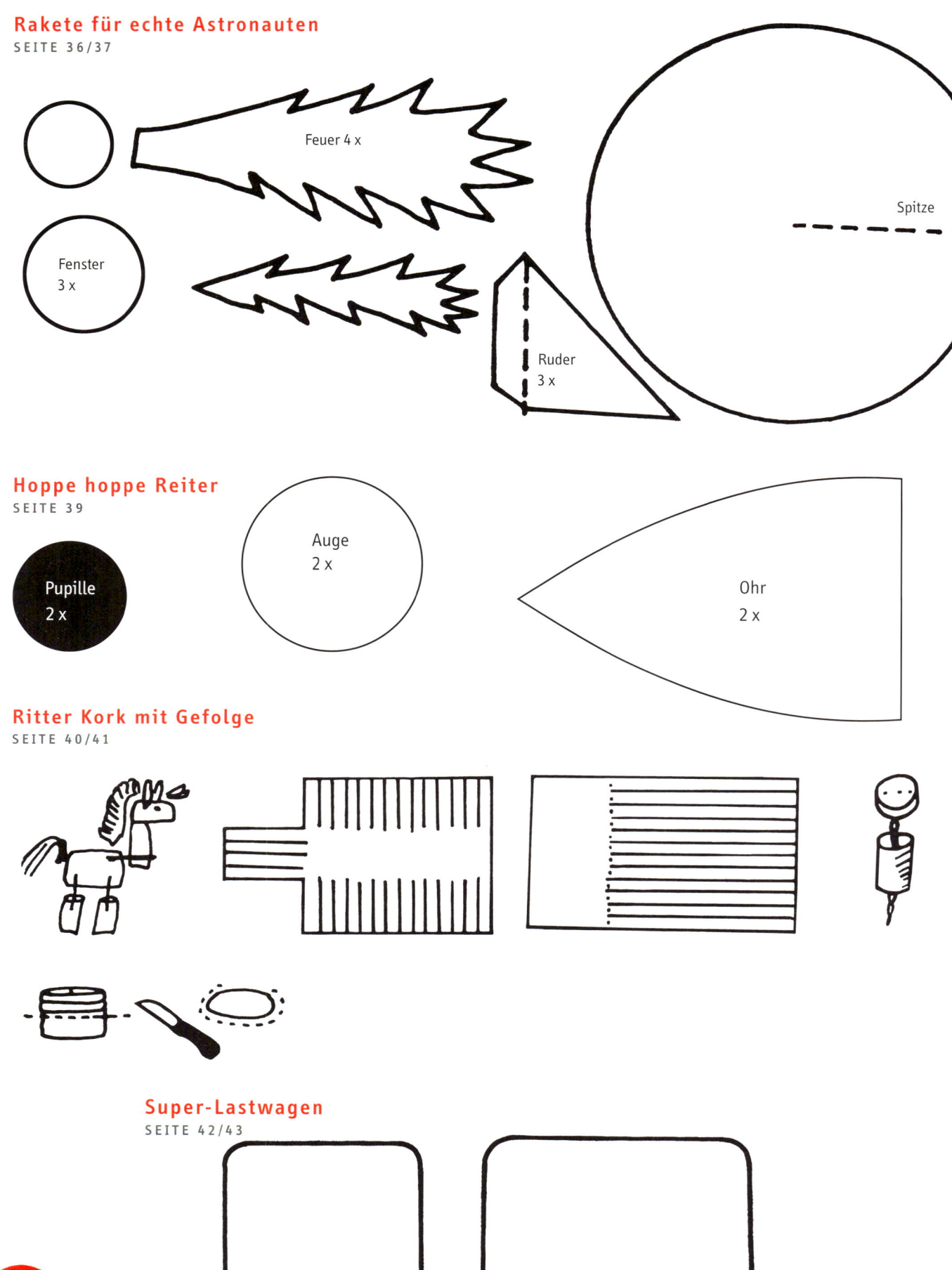

Rakete für echte Astronauten
SEITE 36/37

Feuer 4 x

Spitze

Fenster
3 x

Ruder
3 x

Hoppe hoppe Reiter
SEITE 39

Pupille
2 x

Auge
2 x

Ohr
2 x

Ritter Kork mit Gefolge
SEITE 40/41

Super-Lastwagen
SEITE 42/43

Plitsch-Platsch-Schwammbomben
SEITE 45

Vorsicht, extrem bissig!
SEITE 46

2 x

Fliegende Flatter-Fische
SEITE 48

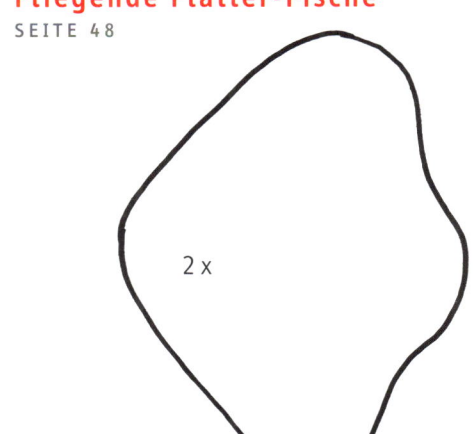

2 x

Blümchen-Zier für kleine Töpfe
SEITE 49

Küken-Geheimnisse
SEITE 51

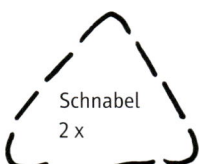

Schnabel
2 x

Edle Prinzessin mit ihrem Ritter
SEITE 58/59

Königliche Ritterburg
SEITE 56/57

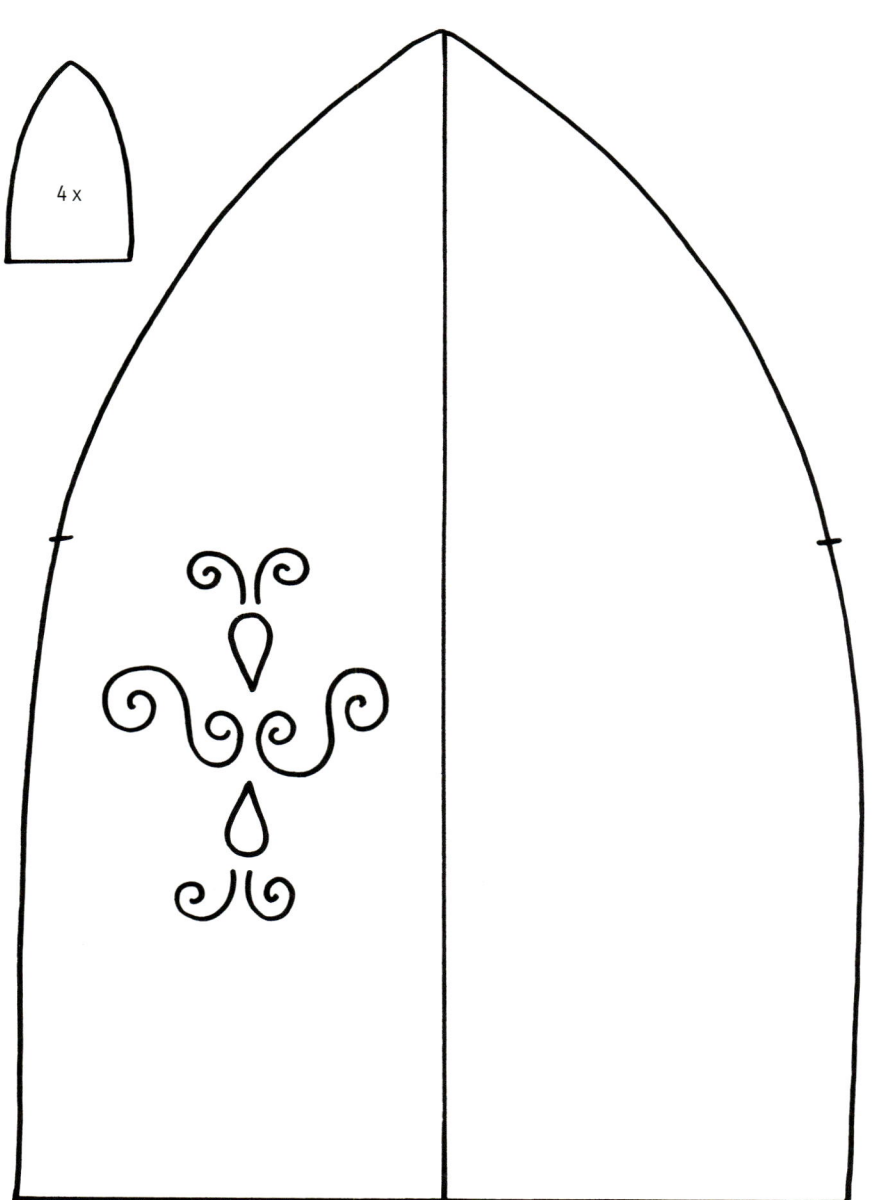

4 x

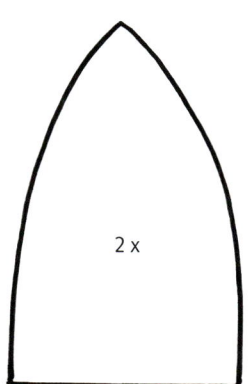

2 x

144

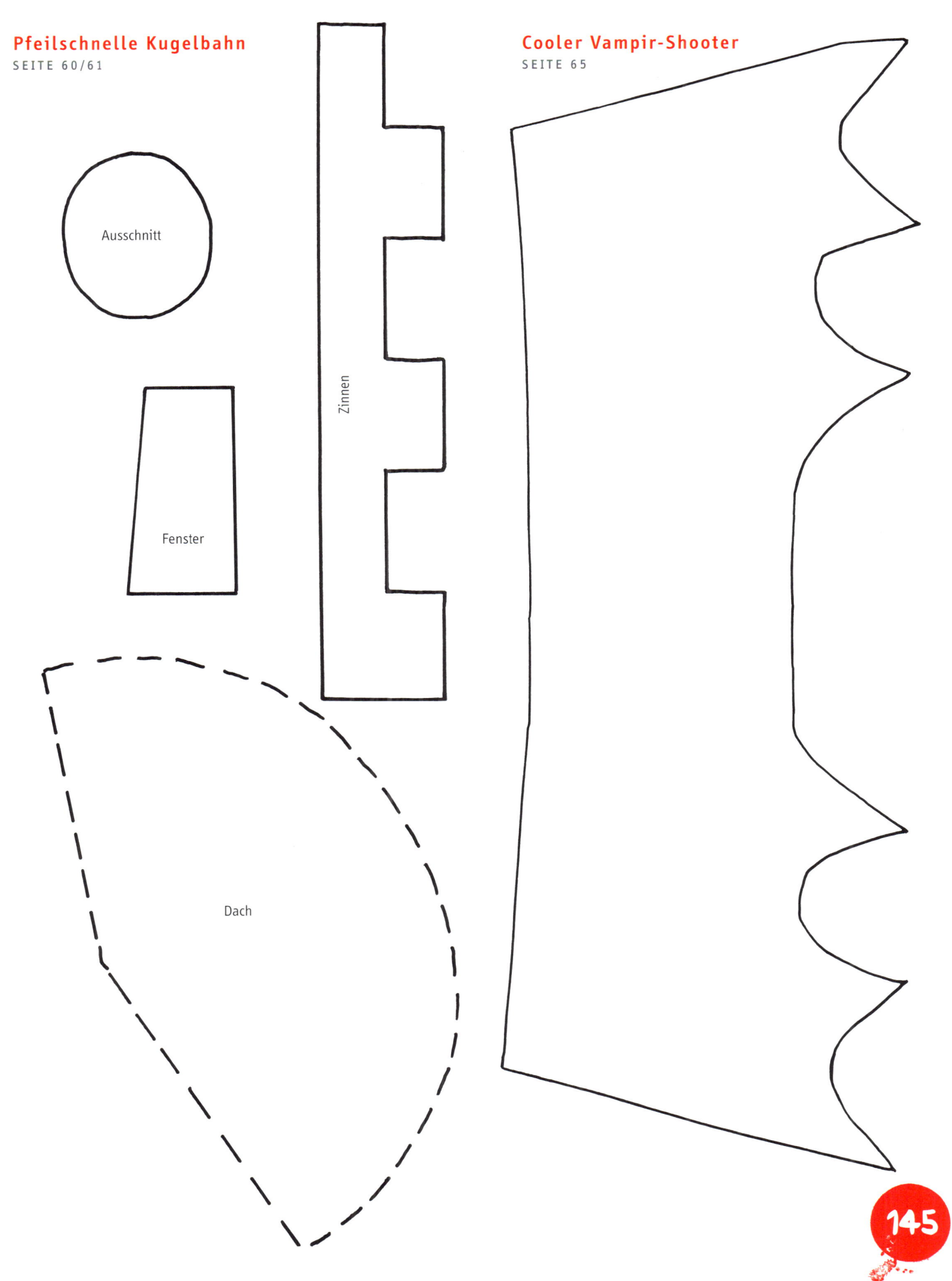

Pfeilschnelle Kugelbahn

SEITE 60/61

Ausschnitt

Zinnen

Fenster

Dach

Cooler Vampir-Shooter

SEITE 65

145

Prinzessinnen-Krönchen
SEITE 74

Geschenkanhänger für Glücksgeschenke
SEITE 75

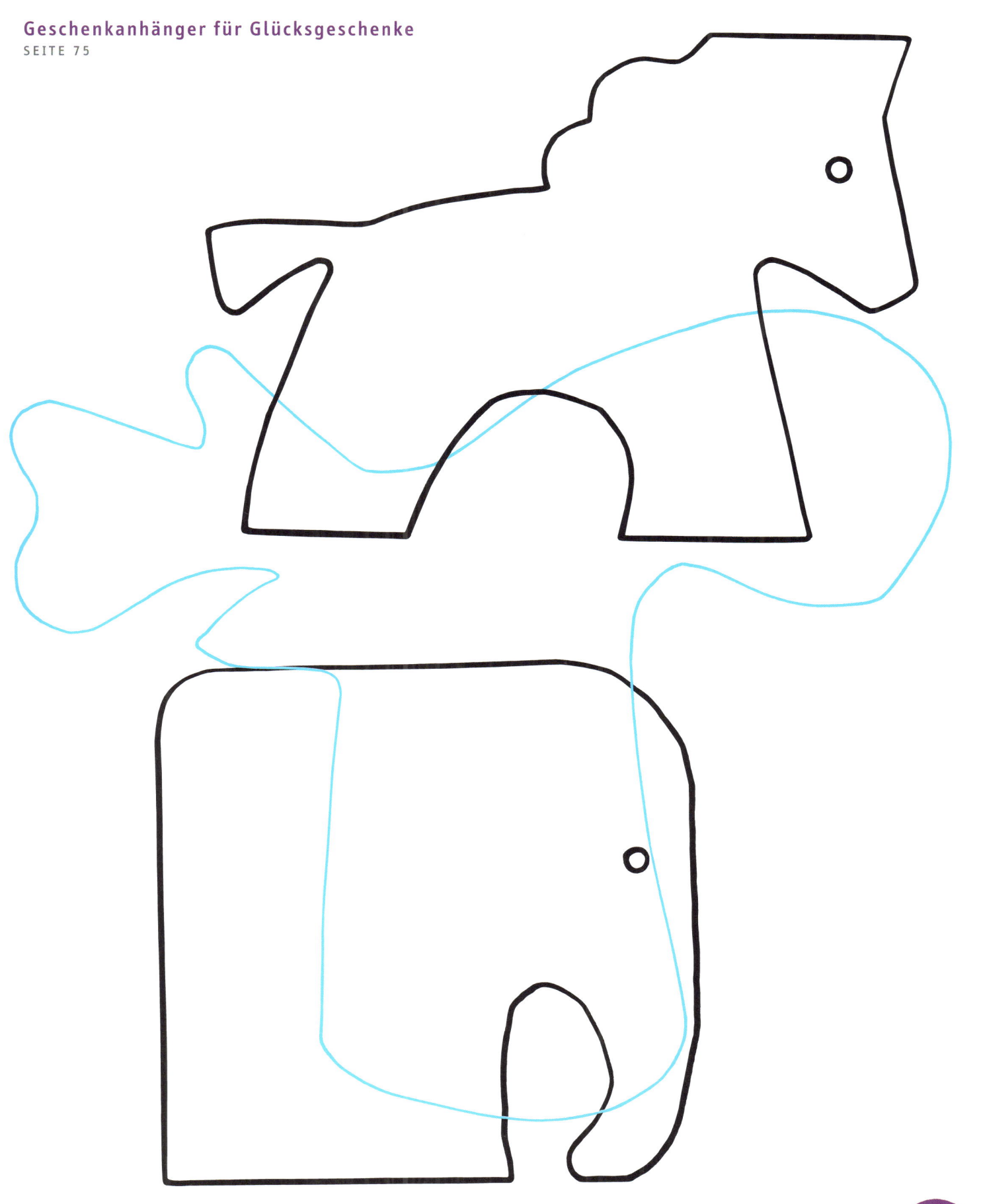

147

Besuch bei Familie Schildkröt
SEITE 77

Kleine Waldabenteurer
SEITE 78

Karten für alle Gelegenheiten
SEITE 84

Die Affen rasen durch den Wald
SEITE 83

Mundpartie 1 x

Auge 2 x

Ohr 2 x

5 cm

4 cm

Banane

151

Märchenhafte Einhörner
SEITE 88/89

Gemütliches Sternenkissen
SEITE 94/95

Kleine Glücksboten
SEITE 90/91

Putzige Pomponvögel
SEITE 97

Zarte Zauberfeen
SEITE 98/99

153

Alle Mann an Deck?
SEITE 106/107

Tollkühne Tierakrobaten
SEITE 108/109

Indianerdorf mit Korkbewohnern
SEITE 114/115

Indianerpferd

2/3 Korken

1/2 Korken

1/2 Korken

1/4 Korken

umknicken

Tipi Indianerdorf

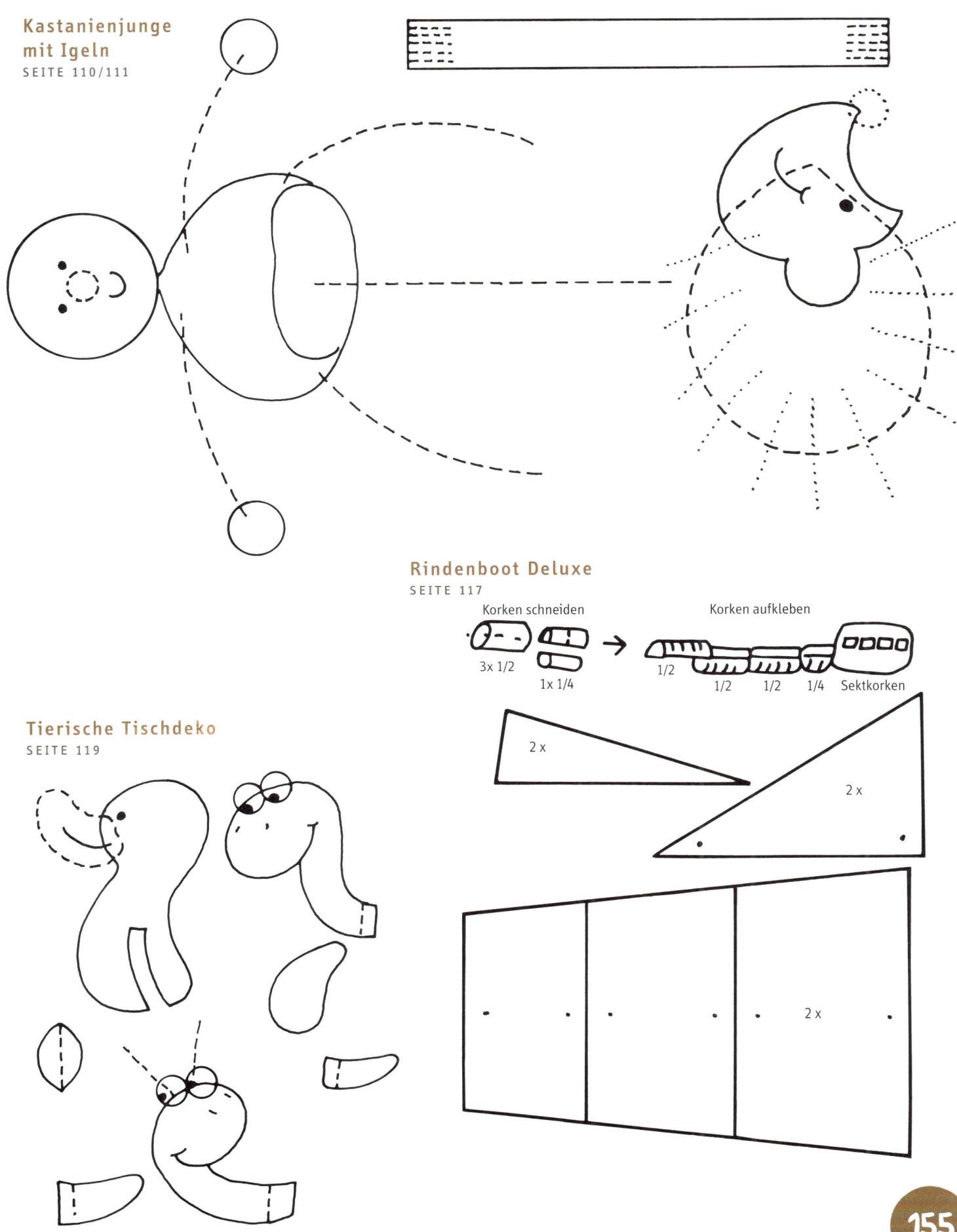

Kastanienjunge mit Igeln
SEITE 110/111

Rindenboot Deluxe
SEITE 117

Korken schneiden   Korken aufkleben

3x 1/2
1x 1/4

1/2   1/2   1/2   1/4   Sektkorken

Tierische Tischdeko
SEITE 119

2 x

2 x

2 x

Fröhliche Körnerbilder
SEITE 116

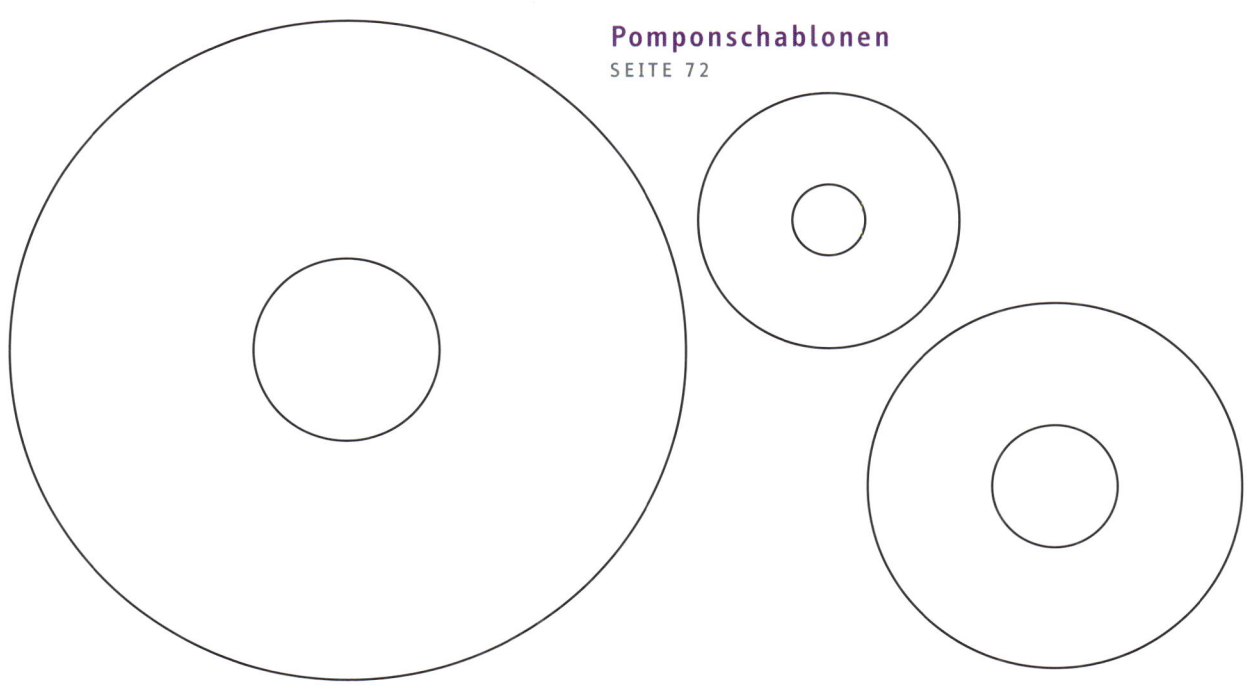

Pomponschablonen
SEITE 72

157

Buchtipps für dich:

Du hättest gerne noch mehr Kreativideen? Dann wirst du in diesen Büchern ganz bestimmt fündig!

TOPP 7604
ISBN 978-3-7724-7604-4

TOPP 7607
ISBN 978-3-7724-7607-5

TOPP 7609
ISBN 978-3-7724-7609-9

TOPP 7627
ISBN 978-3-7724-7627-3

TOPP 7591
ISBN 978-3-7724-7591-7

TOPP 7605
ISBN 978-3-7724-7605-1

TOPP 7611
ISBN 978-3-7724-7611-2

TOPP 7606
ISBN 978-3-7724-7606-8

TOPP 5672
ISBN 978-3-7724-5672-5

TOPP 7535
ISBN 978-3-7724-7535-1

TOPP 5711
ISBN 978-3-7724-5711-1

TOPP 5712
ISBN 978-3-7724-5712-8

TOPP 7630
ISBN 978-3-7724-7630-3

TOPP 7631
ISBN 978-3-7724-7631-0

TOPP 7628
ISBN 978-3-7724-7628-0

TOPP 7629
ISBN 978-3-7724-7629-7

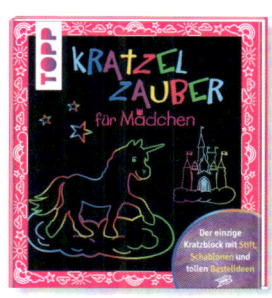

TOPP 7633
ISBN 978-3-7724-7633-4

TOPP 7634
ISBN 978-3-7724-7634-1

TOPP 7614
ISBN 978-3-7724-7614-3

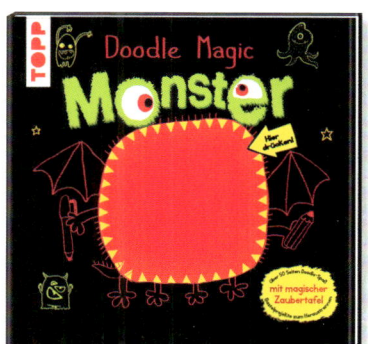

TOPP 7613
ISBN 978-3-7724-7613-6

TOPP 19769
GTIN 40-07742-19769-8

IMPRESSUM

MODELLE: Ina Andresen (Seite 76, 78), Alice Hörnecke (Seite 10, 16/17, 18, 36/37, 42/43, 47, 49, 80/81), Birgit Kaufmann (Seite 11, 13, 20, 22/23, 26, 29, 48, 56-59, 84, 108/109, 116, 126/127, 128, 129), Pia Deges (Seite 21, 28, 38, 44, 65, 66, 82, 86/87, 92, 93, 94/95, 100/101, 112, 124, 130/131), Anett Giebichenstein (Seite 75), Pascale Lamm (Seite 125), Bianka Langnickel und Franziska Heidenreich (Seite 27, 45, 113), Pia Pedevilla (Seite 110/111, 119), Anja Ritterhoff (Seite 79, 88/89, 89/91, 98/99), Heike Roland und Stefanie Thomas (Seite 85), Johanna Rundel (Seite 39, 52, 53, 62, 97, 132, 133), Gudrun Schmitt (Seite 50, 51, 54/55, 60/61, 63, 64, 67, 74, 96, 118), Eva Sommer (Seite 40/41, 83, 106/107, 114/115, 117, 120, 121, 122/123), Christiane Steffan (Seite 14/15, 19), Armin Täubner (Seite 24/25), Gudrun Thiele (Seite 77), Andrea Wegener (Seite 12, 30/31, 46)

FOTOS: frechverlag GmbH, 70499 Stuttgart; Josef Pernter Photographie, Bruneck (Seite 111, 119), Fotostudio Ullrich & Co., Renningen (Seite 107), lichtpunkt, Michael Ruder, Stuttgart (alle übrigen)

ARBEITSSCHRITTFOTOS: Alice Hörnecke (Seite 6/7, 9, 71 Mitte und rechts), Birgit Kaufmann (Seite 35, 104 Mitte, 105 Mitte), Pascale Lamm (Seite 70, 71 links), Anja Ritterhoff (Seite 73), Armin Täubner (Seite 8 links), Fotostudio Ullrich & Co., Renningen (Seite 7 Mitte), Andrea Wegener (Seite 8 Mitte und rechts)

ILLUSTRATIONEN: Ursula Schwab (Seite 7, 72), Armin Täubner (Seite 24)

PRODUKTMANAGEMENT: Anna Burger
LEKTORAT: Anne-Katrin Brode und Anna Burger
LAYOUT UND COVERGESTALTUNG: Tatjana Ströber
SATZ: WS-Linke, 76185 Karlsruhe
DRUCK UND BINDUNG: Neografia, Slowakei

1. Auflage 2016

© frechverlag GmbH, Turbinenstr. 7, 70499 Stuttgart

ISBN 978-3-7724-7670-9
Best.-Nr. 7670